Revisado Ortográficamente y Filtrado por:
Dra. Dulce María Rosales Villalvazo

Ajustes de Fotografía e Impresión:
María Fernanda Rosales Villalvazo

¡Papá, Eres Perfecto!

"...Conocer la Perfección con la que me Amas,
Me hace Celebrar Cada Minuto de Mi Vida."

Lupita Villalvazo

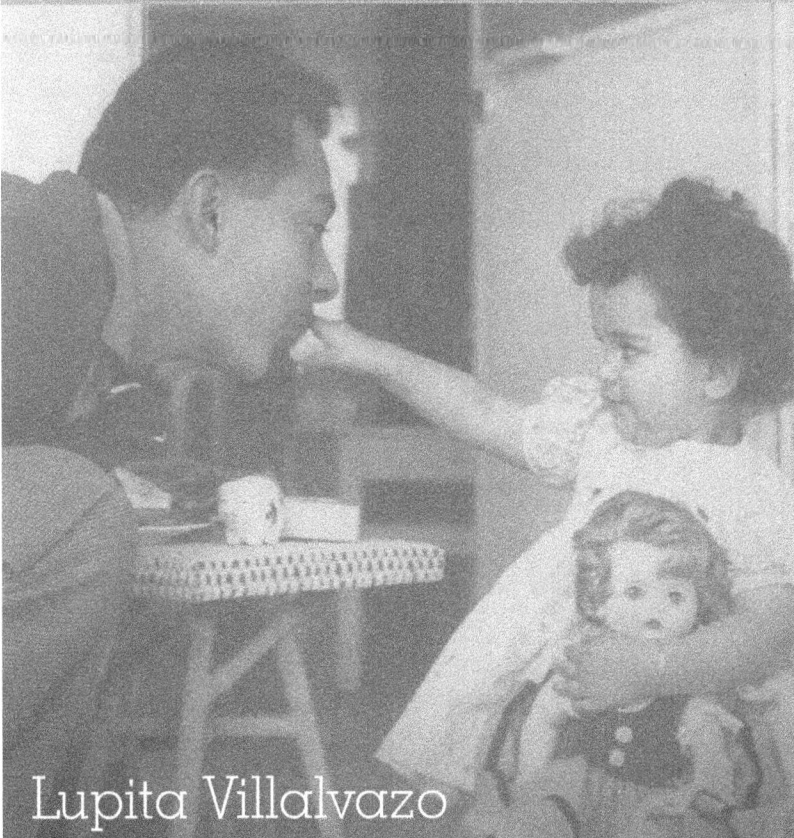

BALBOA
PRESS

Balboa Press books may be ordered through booksellers or by contacting:

Balboa Press
A Division of Hay House
1663 Liberty Drive
Bloomington, IN 47403
www.balboapresspress.com
1 (877) 407-4847

ISBN: 978-1-4525-0009-6 (sc)
ISBN: 978-1-4525-0012-6 (dj)
ISBN: 978-1-4525-0010-2 (e)

Printed in the United States of America

Balboa Press rev. date: 08/10/2010

TU GOZO CONTINUO EMPIEZA AHORA

Lupita Villalvazo nace en la Ciudad de México en Junio de 1959.

"...Los personajes que más amé en mi infancia me infundieron confianza, ternura y mucha fe en mí misma. El alejarme de ellos en forma física a mis cinco años afectó mis emociones de manera profunda, pero sigo unida a ellos espiritualmente y comparto contigo, Lector, la importancia de sus enseñanzas."

"...Dr. Nava:

Dondequiera que estés sabes cuánto te amé y te amo. Y lo mucho que agradezco a Dios por haberte tenido por Abuelo. Tu confianza y admiración por Mí que elevaron mi Espíritu y la Fe que aprendí de Mamá Chayo, siempre están conmigo.

Me llamabas Sabia cuando te mostré mis primeros criterios de niña, y desde entonces fue un estímulo que ha perdurado para siempre en mi mente. Esos primeros cinco años de mi vida son una herencia de Felicidad."

Al paso del tiempo Mi Mente se contaminó de
Virus causándome insatisfacción
Los esfuerzos de Papá por transmitirme el
Mandato Divino de SER FELIZ

Tu Espíritu Santo
aleaba sin cesar en mi alma.
Conocer la Perfección
con la que Me Amas
me hace Celebrar
Cada Minuto de mi Vida
¡Papá, Eres Perfecto!

INTRODUCCIÓN

¡SÉ FELIZ!

Mi Papá me lo dijo tantas veces.
He vivido un largo proceso para aceptar el Grandioso Regalo.
¡Estaba dentro de mí...Sí! Y digo esto para que lo sepas:
ESTÁ DENTRO DE TI.
Me pregunté diez, cien y mil veces cómo alcanzar la felicidad.
La buscaba en mi mente.
Me respondí a mí misma:

> ..."Lupita, si Luis aquí o allá,
> ...si profesora esto o aquello,
> ...Si Mamá o Papá tan solo,
> ...si mis primos supieran,
> ...si ellos me ayudaran."

Era el condicionamiento total en contra de mí misma.
Estaba encerrada en mi esfera mental creyendo que MI FELICIDAD dependía de los demás, incluso pensé que era responsabilidad de alguien externo a mí. Equivocada y ahora te explico el por qué.

ERROR: Los errores son el producto de la ignorancia.

Sí, así de fácil...cuenta uno, dos, tres y tema solucionado.
Tu felicidad está en tu decisión de ser feliz = ¡aprende, lee, cultívate!

Papa insistía en que yo debería ser Feliz, era una orden:
¡Sé Feliz Hija! ..."pero Papá, es que" ...y su reacción siempre de perseverancia, me hablaba tanto; usó mucho de su tiempo y lo sigue haciendo para instruirme.

Se empeñó en llenarme de enseñanzas, me enviaron al mejor Colegio; participé en grupos avanzados de Oración, estuve en una sociedad educada y respetable. Y todo ello era hermoso por supuesto.

Tuve amigos maravillosos y lo siguen siendo.

Experiencias memorables de vida y alegría.
Y aún así mis caídas eran a la búsqueda de la verdadera Felicidad.

Deseo que tus momentos de depresión cualesquiera que ellos sean, su forma y tiempo sean pronto sanados desde el profundo centro de tu Ser, tu Corazón, y así pases a formar parte de la Gran Familia Feliz del Planeta Tierra.
Somos indispensables para el éxito de este mundo.

Mi Papá Pancho me llamaba Sabia en mi infancia; alcancé la niñez y adolescencia creyendo en ese concepto y nunca imaginé cuánto amor había en su palabra.

El tenía razón al llamarme así, TÚ TAMBIÉN ERES SABIO, ¡Descúbrelo hoy!

A raíz de que leo un fascinante Libro sobre La Ley de Atracción, inicia mi interés por alimentar cada día en mi vida la sonrisa simple y franca. El amor a mí misma creando mi día desde la noche anterior. Créeme: es posible ser Feliz por completo.
Todo está en Tu Yo Interno.   Empieza a Disfrutar Tu Yo Interno.

♪ **Lupita Villalvazo**
Chula Vista, California

Hoy Nuestro Planeta es Mejor Gracias a Ustedes:
Louise L. Hay,
Dr. Wayne W. Dyer
(My Saint Wayne)
y
Dr. Deepak Chopra.
Con Profunda Gratitud,
Lupita

AGRADECIMIENTOS

A mi Papá, mi mejor Amigo, ángel, maestro en lo mental y en lo físico. Gracias Papá por el ejemplo del amor a mi cuerpo, templo sagrado del Espíritu Santo. Y hacerme sentir tu apoyo y amor.

A Mamá, porque me dio lo mejor que hay en ella, su amor y ejemplo de perseverancia.

A mis guías espirituales Hijas del Espíritu Santo y Misioneros del Espíritu Santo. Bendigo a Mi colegio "La Paz."

A los tremendos oponentes de mis metas por alcanzar (todos aquellos en contra del orden del Universo).

A mis amigos tan valiosos de quienes aprendí también.

Debo destacar a Juan Médico dondequiera que estés te recuerdo.
A la Música que es el Amor de Dios.

A mis Hijas Dulce y Fernanda por ser mi motor de vida.
Las amo Sabias. ¡Nacieron llenas de sabiduría, las admiro!
Gracias por enseñarme tanto.
Y ni digan ¡Ay Mamá!
Sonrían, Cámara en Acción, mis mejores amigas ¿ya ven?

A Betty, Esther, Mónica, Maritza, Ivette, Vero, Norma, Normita, Cristina, Jesús, Carlos, Sandra, Chayo, Silvia, Karla, Cinthya, Mercedes, Gaby, Claudia M., Sylvia, Claudia B., Claudia, Selene, Maria, Alejandra, Ilse, María Luisa, Ana, Rosa Elia, Susana, Zeni, Teresa, Patricia, Gabrielas, Martha, Karina, Rosángel y también a todos y todas quienes me acompañaron a cantarle a Dios.
En los Coros "Cantemos a Cristo" y "Agua Viva" de la Parroquia de Nuestra Señora de Guadalupe en "La Mesa."

Por supuesto a los hermanos Seaman, Jimmy, Rosita y mis Hermanos Toño y Chayo. Y al Padre Bruno por los domingos en el Parque de Monte Tauro en donde gozamos cantando al "Señor de La Alegría."

A Mamá Conchita y Papá Ramón. A Papá Pancho y Mamá Chayo, mis aficionados número Uno, Abuelos Excepcionales.

A Miguel Angel Barraza Chiquete por despertar en mí la lectora dormida.

¡Gracias Ingeniero!

A Melina Amiga e Hija.

¡A ti, Rosángel, por compartir tus tres pequeños ángeles quienes te acompañan en la vida

como hijos:

Nicole,

Hania y

Angel

...por sus brillantes sonrisas y risas de paz que

elevan mi energía y me entusiasman!

A ti, María Ledezma, amiga y hermana,

por compartir las vibraciones de Amor

de los Angelitos que están bajo tu Divino Cuidado.

¡Gracias por Amarlos tanto!

Por la Paz en Casa Alfaros, elemento amigo fiel y esencial de la Inspiración. Emilia y Guillermo, Gracias.

A Ti, Dios y a Phyllis por enseñarme a amarte Tanto.
Papá Dios, gracias por estar siempre conmigo, Te Amo.
¡HURRA POR LA FELICIDAD!
Debí empezar a agradecerme a mí Misma
Mi decisión de SER FELIZ.

Y a los autores de grandes Obras como:

Summerhill School

Correr

Orígenes De La Civilización

What The Bleep Do We Know

Tus Zonas Erróneas

The Highest Goal

Quantum Leap Thinking

The Power of Positive Thinking

The Power of Love

The Power of Intention

Change Your Thoughts – Change Your Life

Self Dependence

The Definitive Book of Body Language

How To Win Any Argument

How To Change Anybody

Why Men Won't Commit

What Men Want

Don't Sweat The Small Stuff And It's A Small Stuff

12 Principles Of Attitudinal Healing

You Can Heal Your Life

Law Of Attraction

The Secret

El Secreto

The Master Key System

The Seven Spiritual Laws Of Success

The Voice Of Knowledge

The Mastery Of Love

The Four Agreements

Intuition

Camino A La Sanación

The Blue Zone

Love Smart

Inspiration your Ultimate Calling

Tu Peso Perfecto

Mente Sin Tiempo, Cuerpo Sin Edad

Anatomía Del Espíritu

El Poder Mental

Kabbalah Y Principios Espirituales Para Principiantes

Cómo Crear Salud

Cómo Crear Abundancia

Excuses Begone!

CONTENIDO

I

¡Papá, Eres Perfecto!

Gracias por Ser un Gran Padre
a pesar de
Haber Carecido Del Tuyo

A los Papás sin Buena
Voluntad

¡Papá, Eres Perfecto!

Gracias por Ser un Gran Padre a pesar de Haber Carecido del Tuyo. Inicio con esta muestra de Gratitud para Ti, Papá, por brindarme lo Mejor que hay en Ti.

Por supuesto que Papá es Perfecto.
Ser Feliz era casi una Orden de Amor.
Doy por iniciado el desarrollo de este Libro, que dedico a Ti, Lector, Agradeciendo a Tata Dios me haya dirigido para hablarte.
Recibe, en nombre del Amor, lo más bello y tierno de mi Propósito:
Llegar a tocarte profundamente, ayudarte a reafirmar tu Alegría de
De Vivir o conducirte a tu Encuentro con la Felicidad.
Te Invito a usar Tu Voz para Leer lo siguiente:

… Hace tiempo dentro de Mí
escucho una voz que me dice:
"Busca La Felicidad"
¡bien! debo felicitarme por escucharla.

Conscientemente agradezco este valioso Regalo,
La Sed de Conocimiento por el cual inicio el proceso de encontrarme
con LA FELICIDAD
Sin lugar a dudas: EN FORMA ABSOLUTA.

Me comprometo a cultivarme, educarme y con ello amarme al
máximo
sabiendo que quien me Creó,
ESE SER TODOPODEROSO, esa FUERZA DIVINA,
me creó para ser Perfecto y Pleno de Amor y Alegría.
Ahora mismo me sonríes y
me abrazas para felicitarme por mi decisión.
¡Gracias…infinitas Señor!

En el final de la cinta cinematográfica de Dr. Wayne W. Dyer, la cual te recomiendo veas, aclararás tu Relación con Dios.

Dios te Ama, su Amor es Perfecto y te dice:
...*"Si Quieres Hacer las cosas A Mi Manera:*
Me sientes constantemente Contigo
De Lo Contrario,
Si Deseas Hacer Las Cosas A Tu Manera:
Toma tu tiempo
... Aquí Estoy Esperando a Que
Cambies Tu Mentalidad."

Padre Infinitamente Bueno,
es maravilloso enterarme de Tu Amor Perfecto por Mí
y que me hiciste para gozar plenamente
de Todo Lo que Creaste para satisfacer mis necesidades.

También Sé, que Todo, exactamente Todo lo que deseo
ya existe y lo traes a Mí en el Tiempo y Forma Perfectos de ser para
mi Más Alto Bien
en el momento en que lo necesito
Llega a Mí Por Tu Amor Infinito.

He experimentado Tus Bendiciones infinidad de veces
mas ahora Soy y estoy Consciente de Mi Confianza
en la Exactitud de Tu Amor por Mí.
¡GRACIAS!

Desde hoy, (día de la semana, hora, mes y año en que escribes)

_____

_____de_____

_____

_____de el 20_____, siendo las _____ horas

am_____ pm _____ con _____minutos.

Yo, (tu nombre)_____

_____ empiezo El Camino Contigo y Con Tu Amor.
Conscientemente me comprometo a anteponer cada día a toda acción
un pensamiento creativo y amoroso en tu Compañía porque Vives en
mí. Y yo vivo en Ti.

Al despertar te agradezco un nuevo día, estiro mi cuerpo recostado en
mi cama o en mi lugar de descanso nombro en mi mente cinco motivos
para darte gracias y voy disciplinándome aumentando semanalmente
uno más hasta llegar a diez cada mañana.
Bendigo a mis benefactores, familia, amigos, compañeros de trabajo y
hasta a mis jefes.
A las autoridades y administradores de cada lugar del que hoy recibo
atenciones.

¡Bendigo A La Madre Naturaleza
Meditando En Sus Grandezas!
Qué grande es este amor
que hay dentro de mí, Señor,
el Amor con el que me creaste
siento el gozo de disfrutarlo ya.

Qué bello día tengo hoy y aquellas cosas pequeñas...ni las sudo...por el contrario, doy gracias porque me sirven para crecer y dar valor a lo mayormente positivo de mi día.

Y al caer la noche, ya recostado en mi lugar, cierro mis ojos para ver en esa pantalla infalible que es mi mente, una imagen bella y perfecta de cualquier evento acaecido insatisfactoriamente en mi día.

Sí, lo reconstruyo hermoso y perfecto haciendo uso de mi "Mente."

El correcto uso de mis pensamientos

Paro completamente de juzgar, ni a mí mismo juzgo.

Paro en forma total de asumir o tomar las cosas de forma personal, y así encuentro paz y felicidad en mis pensamientos, causando a mi Espíritu calma y a mi cuerpo salud y fortaleza.

Deseo el bien para Mí, para toda persona y seres que me rodean. Y lanzo también mi amor a toda la creación.

Imagino un bello día para mañana y sonrío relajadamente por uno o más minutos sin cesar, visualizando mi siguiente meta con la certeza de que la ley de Atracción está orquestando y acomodando las cosas, personas y todo para que se realice mi deseo.

Me rindo al Amor después de haber procesado mi deseo y lo suelto con paz poniéndolo en tu Divina Presencia.

Hoy te reconozco como **Mi Compañero Constante.**

Tú me llevas de Tu Mano y Yo soy Tu Feliz Anfitrión Señor.

Y todos los eventos en mi vida son obra de ese perfecto amor y siempre digo a cada uno de ellos:

...aquí voy,
esto está
funcionando
de maravilla
¡qué feliz soy!

Relato: Con el paso del tiempo y después de inspeccionar Mi Yo Interno incontables veces me sorprendí creando personajes diversos en Mi Mente. Analicé lo inútil de reunirlos en Campo de Batalla, pues es en lo único que convertía mi Mente.

Y ellos respondían al hospedaje que Yo les daba. Era incómodo albergarlos cuando ya eran demasiados, saturaban Mi Mente al grado de agotarla sin resultados favorecedores. Observé lo innecesario de ese procedimiento.

Me obligué varias veces a controlar esa actitud personal. Logré disminuirla en base a disciplina. Luego, por Amor, he invitado a ella, mujer muy cercana a mí, a aprender a usar su Mente para erradicar ESOS LUCHADORES, como los he llamado en bien de hacerla comprender EL CAMPO DE BATALLA creado por Ella misma. Causante personal de su inestabilidad y la Ausencia de Paz en su Vida.

Tú, pequeña niña, ahora Mujer, recibe también este Libro directamente de mis manos...y espero, que el simple hecho de tocarlo, despierte en Ti aquélla Pequeña menor de cinco años quien confiaba plenamente en que el Mundo es Alegría y Encanto.

En nombre del Amor, a Ti, y a Ti Lector, quien ahora pones tu mirada en estas líneas, te entrego mi ferviente anhelo de saberte Feliz y Encantado de Vivir.

Imagina cómo sería tu vida si te olvidas de crearte miedos, personajes y situaciones que te causan inestabilidad.

Para de asustarte a ti mismo.

Es la recomendación principal hecha por la Doctora Louise L. Hay.

Todo lo que formulas en tu mente sin conocer que el único resultado será indudablemente atraerte eso: monstruos, luchadores, noches y días de terror, eventos catastróficos, relaciones complicadas con resultados insatisfactorios y más, mucho más de LO MISMO Y A MAYOR ESCALA.

¿Cómo deseas que sea tu Vida?

ESCRÍBELO AQUÍ MISMO:

Por la noche, antes de disponerte a dormir, hazte esa pregunta: ¿CÓMO SERÍA MI VIDA SI dejo de pensar en todas las excusas y miedos que me invento?

¡Sería Perfecta!
Porque el Universo es Perfecto
y todo lo bueno
vendría hacia mí.

Dejas de obstaculizarte a ti mismo.
Asume el sentimiento de que tu Deseo es concretado en forma Plena.
Consejo del Doctor Wayne W. Dyer en su Libro "Excuses Begone."

Agradezco a Dios por haberme dado entendimiento, visión, oído, gusto, tacto y olfato. Y bailo celebrando todos los Regalos Maravillosos de los que gozo día a día.
Y de manera muy especial festejo mi gusto por la Lectura.
Bendigo a Hay House y a su fundadora Dr. Louise L. Hay.
A todos los colaboradores, escritores y lectores de esta Sabiduría… Inspiración conducente al Nuevo Mundo.

A una Nueva Humanidad en Bien de todo y de todos. Del planeta y el Universo Entero.

Nunca permito que NADA ni NADIE interfiera en mi Deseo

El subconsciente no distingue entre lo objetivo y lo subjetivo. Estás depositando en tu SUBCONSCIENTE estos últimos pensamientos antes de dormirte.

Dichos pensamientos toman fuerza mientras duermes. Al descansar te liberas del estrés y además dejas de interferir con miedos o excusas, entonces esa señal es enviada por tu subconsciente al Universo quien se encarga de acomodar todo para traer a ti eso que deseas.

Alégrate confiadamente en la Labor que tu subconsciente desempeña cuando descansas. El Subconsciente nunca duerme. Ahora mismo reflexiona, descubre la función maravillosa que EL SILENCIO Y LA MEDITACIÓN aportan. Observemos que hasta el Reino Animal y Vegetal cuenta con ese Regalo Divino de la Paz y el Silencio.

Especies y sonidos, colores y forma ¿puedes decir cuántas maravillas hay en total en la Creación para tu beneficio? Objeto de tu admiración y aún más, contemplación que te devuelven en un segundo de Divina Inspiración al lugar del que vienes. A la Perfección.

ORACIÓN DE GRATITUD:
Papá Perfecto, gracias por Crear Ilimitadas creaturas, paisajes, aromas, sonidos, texturas, climas, y colores; porque puedo ver, escuchar, hablar, tocar, degustar y deleitar este sin fin de regalos. Por el máximo obsequio: LA IMAGINACIÓN. En cualquier lugar, momento y situación recurro a IMAGINAR lo que me hace vibrar en Ti. Sencillamente IMAGINO y esta Magia me hace sentir TAN BIEN. ¡Gracias!

Has escuchado también que antes de una cita importante es recomendable relajarte, tomarte diez minutos apartado del ruido, en lo privado del lugar de tu elección, para luego poder lucir radiante y renovado o renovada.
¡Exacto, es por la misma razón: recargarte de la Fuerza Divina!

Ves cómo La Mente Divina, con su Perfección, responde a la perfección de tu confianza
¡PAPÁ ES PERFECTO!

Estamos hechos a imagen y semejanza suya.

...Un pequeño continuaba llorando neciamente a pesar de haber recibido la atención de sus Papás, quienes le explicaron el motivo de negarle algo que a criterio de ellos le causaría daño.

El pequeño sin entender, IGNORABA LA INTUICIÓN Y EL VALOR DE LA INTUICIÓN desarrollada en sus Papás y continuaba encaprichado por conseguir su objetivo.

Después de un cuarto de hora (a mi ver tiempo dado por los padres al menor también por ignorar la Ley de Atracción) los padres **intuitivamente**...aquí viene lo **Técnico y Sabio** del **AMOR DE DIOS PADRE...** decidieron **ignorar al pequeño.**

¡Bien hecho! dice Dios Sonriendo al ver por fin satisfactoriamente su Obra.

¡Bravo! dice otra vez, este par de hijos míos a quienes les infundí con mi aliento Divino ser COMO YO, han reaccionado positivamente. Han cesado de argumentar y le han mostrado el SILENCIO IGNORANDO el Tema...ni más qué desear ¡así se hace!

Dios se gozaba al ver que la actitud de los Papás fue la mejor.

Si nosotros percibimos en algo la pérdida de paz, actuamos sabiamente = COMO DIOS... Ignorando aquello molesto e incómodo. DIOS quiere sólo EL BIEN para todos.

Estás recordando las muchas veces en las cuales te olvidas del AMOR DE DIOS (LEY DE ATRACCIÓN) Y NECIAMENTE LLORAS, SUFRES, TE lastimas amarrándote, perdiendo tu libertad, maltratándote al insistir en algo QUE SIMPLEMENTE o "NO SE DA" o "NO FUNCIONA COMO TÚ QUIERES."

¡Acertaste! DIOS, QUIEN es PERFECTO PARA AMARTE TE IGNORA… lo has sentido ¿verdad?

Y algunas veces hasta le has reclamado molesto el incumplimiento de tus caprichos.

Me complace entonces decirte que en
DIOS PERFECTO/
Ley De Atracción
el tiempo no existe, ni se hace demorar para hacerte entender Su Grandísimo Amor Por ti.

APRENDIZAJE: ¿Sientes Paz y Amor al hacer algo?

¿Alguien se opone a esa situación?
¿Son quienes te aman tus oponentes?
¿Reconoces la incomodidad que aquello te causa?
Aléjate de ello…técnico y simple: ¡ÁMATE MUCHO!

DIOS QUIERE QUE SEAS
PLENAMENTE FELIZ
¿Quién dijo que DIOS CASTIGA?
ERROR = IGNORANCIA

Eres Tú IGNORANTEMENTE lastimándote a ti mismo, flagelándote, azotándote por ir en contra del AMOR.

Déjate llevar por ese Amor

Conduce tu Vida por Aguas Suaves y Amenas,

Ríndete al Amor de QUIEN TE CREÓ.

CONFÍA

EN LA
PERFECCIÓN
DEL

AMOR

¿Te he convencido?

No soy Lupita quien te hace esta pregunta.

Soy Tu Fuente... Tu Creador

Te amo y quiero verte:

TRANQUILO	**SONRIENDO**
LIGERO	**FELIZ**
SEGURO	**AMADO**

PLENO DE GOZO

Y lo que llegue a tu Vida lo compartas conmigo. Yo estoy en ti desde la Eternidad, Te Amo Infinitamente.

Usa tu conciencia aplicando a cada momento tu decisión de conducirte por el camino del amor.

Ten siempre en cuenta que PARA NADA QUIERO VERTE SUFRIR, porque entonces te ignoro y sientes que estás solo.

**El Amor es Mi Lenguaje
y nada que sea en contra del Amor
es concedido por Mi Voluntad Amorosa.**

**Mejor Tómame En Cuenta, Siénteme y Recuerda
Mis Palabras De Amor:
..."Soy El Camino, La Verdad Y La Vida."**

**..."Mi Padre Vive En Mí y Yo Vivo En Él,
de la misma manera que Tú vives en Mí,
Yo vivo en Ti."**

**..."Todo Lo Que Pidas Al Padre En Mi Nombre,
Mi Padre Que Es Todo Amor Te Lo Concede."
Ahora Entiendes.**

Hace sentido lo que has escuchado tantas ocasiones
¡Bravo por Ti Hijo del Amor!

**Me Complace Ser Tu Padre,
Eres Mi Orgullo,
Has confiado en Mí y compartes Conmigo.**

Eres Consciente De Que Habito En Ti Y Doy Por Hecho Que Usas Tu Conciencia
... La Libertad Que Te Conferí Para CAMINAR POR SENDAS de

PAZ

AMOR

BONDAD

GRATITUD

CONFIANZA

HUMILDAD

PACIENCIA

¡Te amo Papá!

El Tenista Toño Entra En Escena:

..."Sé Feliz Hija,

Siéntete Alegre,

Disfruta el Ser Feliz,

Confía En Dios."

Gracias infinitas Papá... que a pesar de carecer del Tuyo eres Grandioso. (Tu Papá es Eterno y Es con Dios) ¡Te Amo Mucho Papá Toño!

<u>Los Padres y Madres sin buena voluntad:</u>
llegó la hora de comprometerse a
reconocer el Plan Divino
estudien, cultívense... ¡siembren, cosechen!

Espacio dedicado a los Papás sin buena voluntad.

Los quise llamar así usando un lenguaje común, y ahora recurriendo al conocimiento, hacemos una corrección:

..."CERO JUICIOS Y CERO CRÍTICAS" Ellos son Ignorantes.

Oremos por ellos para que conozcan a Dios dentro de Ellos mismos, para que PAREN de buscarlo en la Radio, en Revistas, en la Televisión, en el Dinero.

Visualicemos Padres LLENOS DE SABIDURÍA, Padres con OÍDOS ABIERTOS (a la Sabiduría y a la Perfección), Papás RENOVADOS en Conocimiento, Agradecimiento y

HUMILDAD para que reconozcan que La Educación Es La Base Del Éxito

Nuestro Amor y Agradecimiento a ustedes Padres con voluntad libre, ignorantes de la Verdad. Por esa oscuridad alcanzaron a afectarnos (cuando desconocíamos la Luz y les criticamos y hasta llegamos a odiarlos) pero ahora,

Yo, (tu nombre, Lector)

_____

tu hijo(a), con educación y por educación entiendo la razón por la que actuaste así.
Me abrazo fuertemente pensando que en este Abrazo los abrazo a ustedes con mucho Amor.

Te deseo Paz, Amor, Felicidad y sobre
todo comparto contigo Paz y Perdón,
¡que la Felicidad sea contigo Papá-Mamá!

LEY DE ATRACCIÓN EN ACCIÓN POSITIVA = LIBERTAD, PAZ, AMOR, ARMONÍA, FELICIDAD, CONFIANZA, ETC.

LEY DE ATRACCIÓN EN ACCIÓN NEGATIVA = LECCIÓN, CASTIGO, KARMA, SUFRIMIENTO, PRISIÓN, PENALIDAD, ETC.

Traducido al lenguaje común, **LEY AMOR** o anti-Amor.

El ignorar un problema favorece a que este desaparezca, enfocarte en el mismo es darle mayor fuerza, acrecentándolo y atrayendo más problemas tanto para quien se aferra al problema, como para nosotros mismos por participar en él.

Todos somos parte del Universo
(THE MASTER KEY SYSTEM de Charles Haanel)

¿novelas, películas de terror o desastre, noticias, chismes?
lo dejo a tu CONCIENCIA, habla con tu subconsciente
y USA TU CONCIENCIA ¡SÉ LIBRE Y FELIZ!

Decía Mons. Emilio Carlos Berlié Belauzarán:
..."Aquello que te transmite paz viene de Dios...
Si algo te produce intranquilidad, reconoces su origen."

¡ACERTASTE!

NOTAS

NOTAS

NOTAS

II

Nacemos Sabios

Somos infinitamente poderosos

El Amor

II Nacemos Sabios

Somos infinitamente poderosos

El Amor

NACEMOS SABIOS... aptos para adquirir todo el conocimiento posible, alcanzado por el camino de la Educación y ponemos en claro **EDUCACIÓN** pues solamente a través de esta, usamos nuestra **MENTE CON INTELIGENCIA Y SABIDURÍA.**

NACEMOS SABIOS... porque somos Hijos de El Todopoderoso y Sabio, Él mismo mostró su persona en Jesús y nos llamó al conocimiento.

Conocimiento es Educación
Vamos entendiendo claro, lo sé

NACEMOS SABIOS

Y depende de ti mismo cuando hayas recibido la Orden:

"Sé Feliz"...y dejar atrás las veces en que te has dicho:

"DESEO SER FELIZ"

**Bien,
EDUCACIÓN ES LA BASE, EL CAMINO Y LA META.**

Conocer La Verdad nos Hace Libres.

SOMOS INFINITAMENTE PODEROSOS

¡Clarísimo está!

Hijos de El Todopoderoso, de La Madre Tierra llena de bondades. ¡El Universo es Tuyo! ¡Todo esto fue creado para que Tú lo goces! ¡El océano, la flora y fauna, montes, cielos, aire!

Tu Poder es ilimitado

La única y muy sencilla condición es contestar a esta pregunta: ¿DESEAS SER FELIZ? Si Tu respuesta es Sí... **EDUCARTE ES LA CONDICIÓN.**

Y como toda situación que se presente en tu vida, que te haga sentir incómodo o triste, tiene remedio de adentro de Ti hacia el exterior, ahora ya sabes, tiene solución. Lo que Tú elijas con tus pensamientos, sentimientos, actitudes, con tus palabras y con tus deseos, tendrás pronto o tardíamente para vivirlo.

Tu Decisión Hace La Solución

Tú Tienes El Poder
Y a Mayor Alimento en tu Mente,
Aumentan tus Posibilidades para Ser
Plenamente Feliz
Entonces Bailas
¡Sé que empiezas a hacerlo ya...Mil felicitaciones!

ES TANTA TU FELICIDAD
Y TU GOZO DE VIVIR QUE
CONTAGIAS AL MUNDO
DE LO MEJOR:
AMOR

Irradias Amor,
Paz, Alegría, Gozo,

Equilibrio, Balance,
Sabiduría,

¡Sí!

¡Sabiduría!

Te Agradezco Tanto
Que Eres Un Eslabón Más
Infundiendo en el Mundo
El Alimento Perfecto:
¡Amor!

Lupita Villalvazo

PAPÁ ESCRIBIÓ UNA VEZ
SOBRE UNA SERVILLETA:

Hay diferentes tipos de SOBERBIA:

Soberbia de ignorancia

Soberbia de pobreza

Soberbia de arrogancia

Soberbia de dolor

Y LA MEDICINA CONTRA LA SOBERBIA
ES TAMBIÉN LA EDUCACIÓN

Ahora entiendo que Papá nombró primero la de Ignorancia por ser la raíz de las demás.

Muchos confunden humildad con pobreza.

Humildad es aceptar y estar abierto a recibir más conocimiento.

Humildad es escuchar a los demás.

Humildad es una virtud grandiosa.

LA HUMILDAD
Nos abre las puertas del corazón de los demás Para armonizar así con el Universo.

Humildad es reconocer lo **bueno en quienes te rodean, ver y realzar lo positivo** de ellos, tus maestros, hijos, esposo, el sacerdote de tu iglesia, tu jefe, amigos y familiares.

Decírselos te trae aún más satisfacción y bendiciones de **paz y gozo.** Además al sintonizarte con ellos en el lenguaje del amor, estarás mejorando tu relación y obtendrás lo mejor de ellos hacia ti.

La Gratitud desarrolla un papel importantísimo en el plano Universal. **A mayor agradecimiento, la abundancia empezará a hacer fluir y venir hacia ti mejores, mágicas y rápidamente bendiciones a tu vida. Tanto concretas como abstractas.**

Amor, paz, alegría, sientes casi que son CONCRETAS, mucho más como si las pudieses tocar a pesar de considerarse abstractas.

Y las concretas como el dinero, lo material como tus amigos, escuela, casa, automóvil y familiares; todo y todos a quienes puedes tocar te verán tan feliz.

Emites la señal al Universo/tu entorno de miles de dones y por cada uno de ellos recibes cien más como respuesta a tu constante y profundo agradecimiento.

Es hermoso y maravilloso compartirlos.

ATRAES PERSONAS, CIRCUNSTANCIAS Y EVENTOS SIMILARES A TI

La humanidad en promedio utiliza solamente el cinco por ciento de la mente. Mediante la EDUCACIÓN, y lees bien, SOLAMENTE POR LA EDUCACIÓN podemos aumentar ese potencial.

Lo contrario a EDUCACIÓN es pues, SOBERBIA DE IGNORANCIA.

Tienes el compromiso de ser feliz, es tu objetivo y el de tu Padre Universal, y el de tus padres genéticos o de crianza y de tus maestros... todos quienes te aman te desean que seas feliz.

¿Alguna vez sentiste o pensaste que alguien TE NEGABA LA FELICIDAD?

Cuando ves defectos en la persona que tienes frente a ti, esos defectos regularmente son los tuyos.

TU FELICIDAD DEPENDE DE TI
SOLAMENTE DE TI
Nadie canta tu propia canción,
nadie absolutamente nadie
siente lo que tú sientes ni lo que tú piensas.

Solo Tú puedes EDUCARTE
para bien de convertirte día a día,
noche a noche más y más feliz.

Por absurdo o vano que pudiese alguien juzgar la siguiente información, quienes rezan en estado espiritualmente amoroso, desempeñan una labor energética valiosísima.
Sus deseos son escuchados.
Es tiempo ya de que te unas a ellos para agradecer y pedir por quienes aún no lo hacen. Para comprender mejor la fuerza de la Oración te recomiendo El Sistema de La Llave Maestra.

EL AMOR

El Amor es el sentimiento más maravilloso en el Universo.

El Amor es Perfección.

Hemos errado al interpretar en el pasado al Amor.
Alguien nos dijo que
el que ama sufre: ¡Error!

El Amor es sólo Amor.
Es gozo pleno, paz, tranquilidad, alegría.

♫♫♫♫♫♫♫

El Amor es un canto que produce seguridad y satisfacción...confianza, FE.

Cualquier otro sentimiento fuera de los mencionados, que te produzca inestabilidad, dolor, tristeza, miedo, etcétera...es sólo eso: otro sentimiento pero para nada Amor.

Ama y hazlo constantemente. Sin temores ni medida.
Pero recuerda que para aprender a conjugar el verbo Amar, y para vivirlo, es imprescindible que TE AMES PRIMERO A TI MISMO.

En Ti está Dios

Así que teniendo una relación de perfección con tu Creador y siendo plenos e íntimos amigos, estás en la frecuencia de Amar a los demás.

Sin duda alguna has entendido lo que Dios, quien es Todo Amor, desea
para ti.

QUE SEAS PLENAMENTE FELIZ

QUE TE REGOCIJES DE ÉXITO
MEDIANTE LA EDUCACIÓN

LLENARTE DE CONOCIMIENTO
Y CELEBRARLO CADA INSTANTE DE TU VIDA,
Internamente… tu relación con El Creador
y tu relación con el Universo a través de sentimientos,
pensamientos y la comunicación con los demás
con la Madre Naturaleza y los cuatro elementos:
Aire, Tierra, Agua y Luz.

Con toda la Creación:
Tu Familia, Tus Mascotas, Oxígeno, Agua…El Universo Entero.

¡Ahora sabes lo que es Amar!

En lo profundo del Mar, lo alto del Everest, el azul del Cielo,
el color de las Flores, el perfume de la Alborada,
el murmullo de los Árboles, el canto de las Aves,
las voces de los Animales, el silencio de la Noche,
la sonrisa de un recién Nacido, la mano de tu mejor Amigo,
el sabor de los Vegetales, lo dulce de las Frutas
y el latido de tu Corazón…Papá está Amándote.

Diego, Luis Manuel, María Fernanda, Oscar, Dulce María, Irma Valeria e Iván
(Sobrinos, Hijas y Sobrina)

¿EDUCANDO A TUS HIJOS?
Entrénalos para ser Ama-bles.

He dicho a los siete primos (mis dos hijas, los dos hijos de mi hermano e hija, los dos hijos de mi hermana y a mis sobrinos Héctor, Alejandro y Leslie) en repetidas ocasiones y con infinito Amor:

...**"Ser amable significa:**
Hacerse Amar Por Los Demás."

Pregunta obligada: ...

¿Desearías amar a un humano caprichoso y altanero?
¿Desearías amar a un humano traidor, desleal?
¿Desearías amar a un humano enfadoso y desatento?

Hagámonos amar por los demás
haz que tu hijo sea una persona "amable"
que por donde pase
inspire el deseo de amarle, de admirarle.

Piensa que algún día crecerá y el Universo ha de hacerle llegar lo apropiado según sean sus actitudes.

Prepáralo para lograr EL BALANCE PERFECTO

ARMONIZAR con el Universo de Amor, de Sabiduría y Éxito. Prevenir del rechazo que lo haría sufrir es tu Tarea.

Es una Alegre Mañana plena de regalos inspirados. El aprendizaje máximo alcanzó mi entendimiento en las primeras horas.

Deseo llegar a casa para plasmarlo en estas líneas con el enorme deseo de Configurar Tu Mente. Y dejar este conocimiento bien sembrado en Ti por siempre.

Iluminada por pensamientos y vivencias personales, en la pantalla de mi Mente aparece una nena de cinco años, llena de confianza en la vida, con fe en sus Padres y seres que la rodean.

Ella confía inocentemente en forma absoluta en que todo lo merece y tiene razón. Esos pensamientos poderosos carentes de duda, son acompañados de sentimientos de Amor a quienes ella admira.

La niña está ayudando inconscientemente a esos Seres, Papá, Mamá, Abuelos, Tíos, Papás Adoptivos o Tutores, a desarrollar la misión correctamente (si en lenguaje común hablamos).

Pero va más allá de palabras simples...la energía total que Ella produce, toma más Fuerza por el estado de INDUDABILIDAD en que la genera. Es así como participa activamente para que El Universo de Amor haga llegar toda esa Energía en Bendiciones a quienes cuidan de Ella.

Todo Sentimiento, Pensamiento,
Palabra y Acción
causan Efecto en Los Demás
...Queda Claro Que Somos Uno.

Nos volvemos responsables y comprometidos en el cumplimiento de nuestra Misión:

SER FELICES

para dar FELICIDAD A LOS DEMÁS

y al ellos SER FELICES

Nosotros también SOMOS FELICES.

Es al paso del Tiempo, por el contacto con quienes tratamos diariamente, que nos contaminamos de dudas, temores, miedos, dolor y otros elementos a los que pasamos ya al ayer.

Hoy por hoy nuestra labor es benéfica viviendo intensamente en la Alegría de Confiar en el Amor Absoluto. De sonreír, abrazar, amar y celebrar esta Nueva Vida de Fe en la Fuente Inagotable.

Con la inocencia de un Niño de Cuna

Causa:

La Amorosa Fe puesta en sus Padres.

Efecto:

El Universo correspondiendo a la absoluta confianza de los pequeños.

Recuerda: fórmalo orgullosamente para ser un ser AMABLE,
digno de ser Amado en plenitud.

¡QUÉ FELIZ SERÁ!

Tu Yo Interior,
más que nadie en el Universo Entero,
Merece Tu Amor y Afecto. Buddha

Para Ser Amado, Sé Amable. Ovid

Transmitir a nuestros Hijos la aceptación y Amor por Sí Mismos
Por medio del Amor a Nosotros Mismos.

NOTAS

NOTAS

III

Confianza
En Ti Mismo

III Confianza En Ti Mismo

Dejar los miedos, arriesgarte a pedir y confiar

Lenguaje Positivo, Pensamiento y Acciones Positivas

Habla en "SÍ" y canta en "LA"

Hay sólo DOS FORMAS DE VIDA:
Vida en Temor
y
"LA" Vida en AMOR

Decide Vivir la Vida en Amor, dejar atrás los miedos y a lo que llamabas "arriesgarte a pedir" y más aún a "confiar", desde hoy es Rendirte al Amor
Generando para Ti Mismo una Vida en Estado Perfecto.

Haz día a día habitual la elección de Pensamientos Positivos y Acciones Positivas en tus diarias vivencias.
Pensamientos Positivos: Además de ser positivos es de gran utilidad seleccionar los más fortalecedores, de paz y alegría y así poderlos exponer en tu Palabra.

El optimismo inunda tu alma y vas aprendiendo a rechazar los pensamientos y actitudes que puedan debilitarte.
Creando tus pensamientos, palabras y actitudes vives la plenitud de Tu Libertad creando en Ti emociones agradables prolongando tu Salud y Bien-estar.

Clave para vivir feliz: Hablar en "Sí" hace que tu Vida sea una constante Canción: "La Libertad."

NOTAS

NOTAS

IV

Comer Para Vivir

En Vez De
Vivir Para Comer

Comer Para Vivir
En Vez De Vivir Para Comer

Alimentación Heredada

Cambia y Mejora

Escucha a Tu Bello Cuerpo

Con sencillez y en forma breve te comparto ahora estos pensamientos:

Comer Para Vivir En Vez De
Vivir Para Comer

La Alimentación Que Nos Heredaron

Las Mejoras y Cambios Te Ayudarán

Escucha A Tu Cuerpo

Soy Feliz por ahora y deseo seguir adquiriendo conocimiento.
Tal vez algún día decida por un régimen mayormente vegetariano.
Atún, pescados (checando antes que sean de bajo nivel de mercurio) pechuga de pavo o pollo.
Preferentemente bajo o cero en levaduras.
Ellos para acompañar en almuerzos y comidas.
Existen tantas recetas de guisados a base de Verduras altas en fibra, vitaminas, minerales.

EL AGUA:

TRES CUARTAS PARTES, **75**% por ciento DE NUESTRO ORGANISMO
**es
agua
¡la necesitamos
nuestro planeta es 75% agua
para nuestro uso,
amémosla!**

Tomo casi cuatro litros de agua por día, eso significa el 75% de mis consumos son Agua y el 25% alimento duro.
Suena algo exagerado pero prácticamente así deberíamos guiarnos.
El 85% del cerebro humano es agua.

¿A ver, a ver...qué le doy a mi Bello Cuerpo de comer en ese 25%?

Calidad. Solamente Calidad y por supuesto lo consentiré con deliciosos bocadillos.

Ingerir vitaminas es básico.
Muchos de los productos que consumimos para alimentarnos están tratados con químicos y otros agentes y sufren la pérdida de ciertos nutrientes.
Vitaminas diariamente, las más completas que puedas consumir.

¿CARBOHIDRATOS? Aquí viene lo bueno. Por supuesto que puedes comerlos, son deliciosos. Vigilando el consumo de Azúcares con precisión, ya que los Carbohidratos se convierten en azúcar cuando son procesados por el Hígado.

Según tu peso y actividad física provee acertadamente a tu Cuerpo de los gramos de Azúcar recomendables y provenientes de fuente natural.

Si has experimentado la famosa "inconfortable cosa radial" y sus vecinos, ya puedes irte despidiendo de ellos.

Finalmente les dices adiós para siempre.

Todo reside en tu consumo de Energéticos.

Consume Carbohidratos de Fuentes mayormente Orgánicas y mínimo industrializados como harinas finas, levaduras y azúcares.

Son parte de "tu consentirte cada día."

Son sabrosos y aún más cuando te des cuenta que una porción pequeña de Buena Calidad, equivale a tres porciones que antes comías y atrofiaban tu metabolismo y digestión.

Desde Hoy provees a tu Bello Cuerpo de Mejor, de Menos y Bueno.

Por lo tanto el costo es el Mismo y los Resultados son **tres veces fortalecedores, satisfaciéndote y completando esa dicha y felicidad.**

Escuchas a tu bello cuerpo diciéndote:

..."esto me agrada al cien, me haces sentir ¡tan bien!"

Eh...Perdón ¿Y Ahora cuestionas sobre El Ejercicio?

¡Es fácil para Ti realizarlo!

Adquieres el hábito de iniciarte con 5 minutos por 7 días al terminar tu desayuno, tu almuerzo y tu comida fuerte (o cena estilo americano)

DEBE HACERSE ANTES DE LAS 6 DE LA TARDE.

Caminas Cinco Minutos Solamente Por Los Primeros Siete Días.

Coloca en tu pizarra de visualizaciones, una fotografía de alguien con el peso perfecto que deseas tener e imagínate así.

Puede ser una fotografía tuya de cuando luces en el peso de tu agrado.

AQUÍ TIENES EL **"Tú"** PERFECTO:
(para colocar fotografías)

Visualízate Así Siempre
Evita Totalmente Pensarte En Sobrepeso

Haz esta frase una de tus preferidas:

..."Mi Cuerpo es Sabio y Procesa Perfectamente Todo Lo Que Como.

Y Todo lo Inútil Lo Elimino cada Mañana al despertar y durante el transcurso del Día"

¡Yo Soy Perfecto!

Lupita Villalvazo

Haz esta frase una de tus preferidas:

...**"Mi Cuerpo es Sabio y Procesa Perfectamente Todo Lo Que Como.**

Y Todo lo Inútil Lo Elimino cada Mañana al despertar y durante el transcurso del Día."

¡Yo Soy Perfecto!

Lupita Villalvazo

ANOTEMOS A CONTINUACIÓN TU INICIO A ESTA "NUEVA VIDA" DESAYUNOS:

#1_____

_____

#2_____

_____

#3_____

_____

#4_____

_____

#5_____

_____

#6_____

_____

#7_____

_____

NOTAS

NOTAS

DÍA 1 CAMINATA DE CINCO MINUTOS

DIGO BRAVO POR TI
TU DICES BRAVO POR TI

ME AMO _____

Después del desayuno _____ anota ¡Sí!

Después del almuerzo _____anota ¡Sí!

Después de la cena _____ anota ¡Sí!

ME AMO

DÍA 2 CAMINATA DE CINCO MINUTOS

DIGO BRAVO POR TI
TÚ DICES BRAVO POR TI

ME AMO _____

Después del desayuno _____ anota ¡Sí!

Después del almuerzo _____anota ¡Sí!

Después de la cena _____ anota ¡Sí!

<u>ME AMO</u>

DÍA 3 CAMINATA DE CINCO MINUTOS

DIGO BRAVO POR TI
TÚ DICES BRAVO POR TI

ME AMO _____

Después del desayuno _____ anota ¡Sí!

Después del almuerzo _____anota ¡Sí!

Después de la cena _____ anota ¡Sí!

ME AMO

DÍA 4 CAMINATA DE CINCO MINUTOS

DIGO BRAVO POR TI
TÚ DICES BRAVO POR TI

ME AMO _____

Después del desayuno _____ anota ¡Sí!

Después del almuerzo _____anota ¡Sí!

Después de la cena _____ anota ¡Sí!

ME AMO

DÍA 5 CAMINATA DE CINCO MINUTOS

DIGO BRAVO POR TI
TÚ DICES BRAVO POR TI

ME AMO _____

Después del desayuno _____ anota ¡Sí!

Después del almuerzo _____anota ¡Sí!

Después de la cena _____ anota ¡Sí!

ME AMO

DÍA 6 CAMINATA DE CINCO MINUTOS

DIGO BRAVO POR TI
TÚ DICES BRAVO POR TI

ME AMO _____

Después del desayuno _____ anota ¡Sí!

Después del almuerzo _____anota ¡Sí!

Después de la cena _____ anota ¡Sí!

ME AMO

DÍA 7 CAMINATA DE CINCO MINUTOS

DIGO BRAVO POR TI
TÚ DICES BRAVO POR TI

ME AMO _____

Después del desayuno _____ anota ¡Sí!

Después del almuerzo _____ anota ¡Sí!

Después de la cena _____ anota ¡Sí!

<u>ME AMO</u>

La **Segunda** semana (octavo día)
Caminar **diez** minutos antes de desayunar

Las caminatas después del almuerzo y la cena las eliminamos

DIA 1 _____ DIA 2 _____ DIA 3 _____ DIA 4 _____

DIA 5 _____ DIA 6 _____ DIA 7 _____

Anota sí en las líneas.
Y di:
¡ME AMO TANTO!

La **Tercera** semana caminas
Quince minutos antes de desayunar

Cancelamos las caminatas posteriores durante el día

DIA 1 _____ DIA 2 _____ DIA 3 _____ DIA 4 _____

DIA 5 _____ DIA 6 _____ DIA 7 _____

Anota sí en las líneas.
Y di:

¡ME AMO TANTO!

La **Cuarta** Semana Caminas
treinta minutos antes de cada desayuno y cancelas las otras dos

DIA 1 _____ DIA 2 _____ DIA 3 _____ DIA 4 _____

DIA 5 _____ DIA 6 _____ DIA 7 _____

Anota sí en las líneas.
Y di:
¡ME AMO TANTO!

¿VES QUÉ SENCILLO ES? ¡LO GOZAS TANTO!

¡_____ BRAVO POR TI!

Mientras disfrutas de la Cuarta Semana, te recomiendo:

Acudir con en un entrenador o guía deportiva quien te diseñará un Plan exacto adecuado a tu Edad y Complexión Física.

Dependiendo el lugar en donde resides y procurándote siempre lo MEJOR... existen instituciones dedicadas a auxiliar y educar, tales como YMCA y centros comunitarios.

Espacio Dedicado Con Amor
para que guardes
Nombres y Teléfonos de Tu Entrenador

¡Sonríele y agradécele!

Nombre o nombres y números telefónicos:

_____

_____

_____

_____

_____

_____

_____

_____

_____

_____

_____

_____

_____

Ahora tienes condición que has adquirido fácilmente
fuerza necesaria para
iniciarte en la carrera del deporte
en la seguridad de una vida sana
olvidas paulatinamente los medicamentos
o tratamientos si es que los tenías
y estás previniendo futuras visitas al médico
Es muy sencillo
Empezaba todo en ¡AMARTE COMO AHORA TE AMAS!
¡QUÉ FELIZ ERES! Celébralo alimentando a tu travieso NIÑO con
programas de Risa y Películas de Comedia
PARA REÍR AL MÁXIMO

Alimenta tu Espíritu con Carcajadas, Chistes y Amistades agradables.
La Risa...remedio infalible. Usual Frase.

¡QUÉ CIERTA ES!

El simple sonreír afecta positivamente, actúa conectando los músculos de tu cara al cerebro enviando emociones positivas y el cerebro produce endorfinas; tanto cuando te ríes como cuando haces ejercicio.

Endorfina = medicina natural

Recientemente mi hija Dulce, quien vino a la Vida para ejercer la Misión de Médico, me recomendó ver una Película en la que un eminente Doctor consigue la SANACIÓN para sus Pacientes de Enfermedades Terminales, con tratamientos de ALTAS DOSIS DE RISA.

Consulta algún libro sobre alimentación balanceada o un recetario de cuatro o cinco comidas al día balanceadas altas en vitaminas y minerales, fibras.

Comer cinco veces al día es más recomendable que dos o tres

Que sea tu segundo alimento el fuerte de tus días.
Y otros dos un poco menos fuertes que este (parte de los cinco Diarios).

Puedes anexar tus recetas de
siete desayunos diferentes,
siete almuerzos y siete cenas.

Y otras catorce recetas de diversos bocadillos que disfrutas entre comidas para completar tus CINCO ALIMENTOS DEL DÍA.

"LA ALIMENTACIÓN QUE NOS HEREDARON"

Gracias a nuestros Padres, Benefactores, Maestros, y demás personas quienes nos han hecho llegar el pan nuestro de Cada Día. Profundo agradecimiento a Dios por hacerse presente a través de todos ellos.

Dios Perfecto y Omnipotente creaste todo para nuestro beneficio y felicidad.

El Hombre, Tú y Yo, nuestros antecesores y hermanos de Vida, hemos aprendido a COMER conforme a las costumbres de nuestros antecesores o gente a nuestro alrededor.

Ya es tiempo de recapacitar, amarnos en forma absoluta para conectarnos acertadamente a los demás.

Es responsabilidad de cada uno, ofrecernos a nosotros mismos un rostro de alegría y satisfacción al vernos en nuestro peso perfecto y brindarles a los demás, con nuestra presencia, el regalo de ver un cuerpo armónico, una sonrisa franca y una actitud de felicidad.

Corrijamos pues, la alimentación que se nos dio por herencia en las medidas y formas necesarias. Mediante el Conocimiento y la Disciplina de una Buena Alimentación. A lo que yo doy un mejor nombre: HIDRATACIÓN Y ALIMENTACIÓN BALANCEADA.

Causando beneficios mayormente a nuestro organismo Casa en donde hospedamos a Dios. Sólo que por desconocimiento consumimos productos que atrofian el funcionamiento del Bello Cuerpo que como Regalo Divino poseemos.

Si antes tuviste hambre de conocimiento ahora es momento de proveer a tu hambre con Sabiduría.
Indudablemente tu organismo responde agradeciéndote el sentirse pleno de Felicidad y habrás también impregnado de Amor a todos los seres que te ven cada día; invitándoles con tu actitud a ser Uno en Perfección.
La VERDAD es PERFECCIÓN.

La Fuente Quien Es Infinito Amor,
Nos Hizo A Su Imagen y Semejanza...¡Somos Sus Hijos!

"Cambia y mejora:
O acaso tu hijo o hija, por ser tus Hijos
¿Tienen que ser menos que Tú?
Buen cuestionamiento Lupita.
Te has quedado atónito, claro... y me río contigo.

¡CELEBREMOS!

Tú quieres que tus Hijos sean mejores que Tú.
Que alcancen mayores ideales
Que sean PLENAMENTE FELICES
Les deseas lo Mejor porque
¡Tú eres el MEJOR!

**Eso exactamente es la Fuerza Divina del
Espíritu de Dios que vive
en Ti y en Mí...en todo Ser Inspirado
Eso es vivir EN ESPÍRITU.**

Medita.
Ten solamente pensamientos que te hagan sentir paz, armonía,
tranquilidad, alegría.

Que te hagan sentir Feliz

**Escucha a tu Cuerpo diciéndote:
¡GRACIAS, ME SIENTO PLENO DE
ENERGÍA Y LIGERO!**

¡Cuán perfectos son los pasos dados cada momento, la perfección
vibra en Ti haciéndote
SER PLENAMENTE FELIZ!
Te amo y Te Bendigo. Y Me amas y me bendices.

¡Gracias Papá, Eres Perfecto!

NOTAS

NOTAS

NOTAS

V

Cuerpo Sano
En Mente Sana

Divina y Deliciosa Droga

Ejercita Tu Cuerpo Casa de Amor

Cuida tu Salud Mental

Adiós al Estrés

Haz lo que te Guste y Ama lo que Haces

Lo Aprovechable y lo Inútil, Sentido Común

Palabra Impecable

Carga Ligero

ENDORFINA

DIVINA Y DELICIOSA DROGA

Alguna vez en mi adolescencia obtuve información muy valiosa.

Una persona deportista produce gratuitamente con su cerebro altas dosis de ENDORFINA.

El ejercicio estimula el desarrollo de los músculos, así como el funcionamiento correcto de aparatos y sistemas de nuestro organismo, incluyendo el cerebro. El cerebro recibe una oxigenación apropiada y mejor flujo de la sangre, originándose a su vez un estado físico y psicológico que permite, facilita y motiva la Inteligencia.

El ejercicio optimiza la función de los sistemas respiratorios, musculares, nervioso, óseo y linfático, aumentando la capacidad vital de los pulmones y la ventilación, haciendo que se eleve el nivel de oxígeno en la sangre y disminuyendo los gases nocivos por ser mayor el ritmo cardiovascular.

Con el ejercicio el corazón bombea sangre a un ritmo de un veinticinco por ciento más cada minuto, aumentando las cantidades de nutrientes y oxígeno que fluyen al cerebro.

Cuando el ejercicio se realiza con constancia se incrementa el número de vasos capilares enviando mayor cantidad de nutrientes al núcleo del sistema nervioso.

También el ejercicio es un excelente catártico, contribuye reduciendo el estrés de cada día y nos conduce a una mejor actitud, mayor resistencia ante la fatiga y nos provee agradable capacidad para descansar mientras dormimos.

El ejercicio estimula la producción de algunos neurotransmisores como la serotonina, además se logra un estado de euforia, gracias a los analgésicos naturales llamados endorfinas, aumentando entre otras cosas la autoestima.

El beneficio brindado a la salud consiste en la duración, la frecuencia y la intensidad del ejercicio. Pero en cualquier actividad regular aunque sea solamente caminar, ya es beneficiosa. Eso si se realiza a un ritmo rápido por lo menos de cuarenta y cinco minutos al menos.

La mejor medida es lograr una frecuencia cardiaca óptima para la edad. Calculemos restando de doscientos veinte la edad del deportista. Por ejemplo si tienes cincuenta años, tu frecuencia cardiaca no debe exceder de ciento setenta latidos por minuto durante el ejercicio, a menos que tengas tiempo entrenando y previo a un estudio cardiovascular.
Practicarlo de menos a más y realizarlo con regularidad. Para ello lo mejor es hacer una actividad placentera que se incorpore de forma espontánea a tu vida diaria.

Las endorfinas son substancias bioquímicas analgésicas producidas por el cerebro, nos proveen de equilibrio esencial entre el tono vital y la depresión.
De ellas depende nuestro estado de ánimo.
Agentes bioquímicos transmisores de energía vital; lo que vemos, oímos y sentimos se transforma por nuestro cerebro en mensajes que se encargan de crear endorfinas.

Científicamente, EL DOLOR, EL MIEDO Y EL PLACER se gobiernan produciendo endorfinas.

Las endorfinas cruzan el espacio llamado sinapsis entre las células cerebrales para estimular los receptores de las células vecinas. En forma básica se les encuentra en el cuerpo calloso del cerebro que es el núcleo de la mayor parte de las emociones fuertes como MIEDO, IRA, AMOR Y DEPRESIÓN; y en el tálamo medio que transmite al cerebro los impulsos de dolor que se generan en el cuerpo.

Para estimular las endorfinas se recomienda:

= Hacer cualquier ejercicio en forma adecuada y periódica.

= Mediante el sexo también se consigue PRODUCIR ENDORFINAS y Eliminar el estrés y la depresión.

= Reír diariamente y mientras más se pueda, mejor.

= Bailar y cantar.

AMAR ES LA BELLEZA DEL ALMA. SAN AGUSTÍN

Te sientes Feliz y de tu Alma se asoma tanta Belleza...muchos lo notan y te lo dicen.
Por Amarte disciplinadamente.

DONDE HAY AMOR HAY VIDA. Ghandi

CUIDA TU SALUD MENTAL

Ahora posees el conocimiento para iniciar una salud mental perfecta. Inicias por la mañana agradeciendo la vida e intencionalmente creas El Día celebrando un nuevo despertar.

Sintiéndote bendecido y amado.
Piensas..."Qué feliz soy" Luego practicas tus respiraciones para oxigenar tus ojos, pulmones y corazón a la par de sentir profunda conexión con tu Fuente de Vida y profundamente expresas gratitud.
Inhalas por nariz a cuatro tiempos.
Retienes el aire en pulmones y estómago por ocho tiempos.
Exhalas por la boca a veinte tiempos (dependiendo de la elasticidad de tus órganos pueden ser catorce, dieciséis o dieciocho tiempos) por lo que arrojas el aire lentamente.
Tres grupos de ejercicios de tres cada hora preferentemente o cada que te sea posible.
Oxigenas Pulmones, Sangre y Corazón. Tu reproducción celular se ve favorecida aumentando calidad a tu vida y por consiguiente sumando años felices.

Dices:
= Me inunda una armoniosa cordialidad.
= Me siento bien hoy.
= Armonizo con el Universo pensando en mis benefactores, todo y todos los seres con quienes convivo este día.
= Gracias por ellos y por este día maravilloso.
= Envío bendiciones tempranas a ellos y a cada situación por venir.
= Les deseo una armoniosa cordialidad y que estén bien.

Luego imaginas tener un día lleno de alegría y dices:
..."YO SOY ALEGRÍA" una a una estas tres palabras las sientes intensamente y de nuevo dices:
"YO"..."SOY"..."ALEGRÍA"
Con esta afirmación estás generando más alegría en tu vivir.
Al practicar una actitud de alegría atraes personas y circunstancias alegres.
La alegría atrae más alegría

Una persona alegre está en la frecuencia perfecta
de atraer el TODO BUENO.
Una persona alegre AMA al cien por ciento y hasta más.

Una persona alegre es feliz y solamente siente, piensa
y habla el lenguaje del AMOR.

Una persona QUE AMA en plenitud, ES FELIZ Y EXITOSA.

Una persona EN AMISTAD DIRECTA CON DIOS, AMA Y ES FELIZ.

Recientemente mi hija Dulce, quien vino a la Vida para ejercer la Misión de Médico, me recomendó ver una Película en la que un eminente Doctor consigue la SANACIÓN para sus Pacientes de Enfermedades Terminales con ALTAS DOSIS DE RISA.

En el silencio de tu habitación ya celebraste, agradeciste y enviaste señales de amor y bendiciones a toda la Creación.
Así aseguras ya que el Universo te devuelva durante tu día exactamente lo mismo.

Enseguida bebe AGUA sintiendo cómo ella te purifica al iniciar el día recordando la fuente de la que proviene con inmenso amor y gratitud.

Sonreír obligadamente por un minuto...en actitud de meditación, trae consigo la magia de hacer producir endorfinas en el cerebro. Te devuelve la chispa de vivir, te relaja y reanima.

Dios únicamente entiende
el lenguaje del AMOR

Cualquier otro sentimiento contrario al AMOR bloquea tu relación con Dios.

Podría mencionarte algunos pero sería atrofiar tu enfoque positivo haciéndote leer y poner en tu mente esas palabras las que ya hemos dejado atrás.

AMOR ES SÓLO AMOR

Detengámonos especialmente a analizar y corregir una actitud que debemos erradicar de nosotros mismos: SARCASMO. El sarcasmo es un sentimiento contrario al AMOR.

A menudo recurrimos a divertirnos en alusión a eventos ocurridos a otras personas considerados como motivo para reírnos y a veces hasta burlarnos.

Valernos de los aparentes errores de los demás, así como de sus "accidentes" para reírnos, puede en ocasiones causar hasta en quienes son más cercanos y más amados por nosotros, dolor, humillación y pena.

Luego entonces, conscientemente frenemos este proceder y así estaremos en sintonía con EL AMOR.

También es importante destacar la función que realizan los comerciales televisivos en los que presentan a nuestras mentes situaciones como: accidentes automovilísticos, enfermedades que ni siquiera habían pasado por nuestras mentes y estos personajes en uso de su poder mental, ejercen CONSCIENTEMENTE, porque LAS EXCUSAS PARA MÍ SE TERMINARON.

Por supuesto lo saben y si alguno de ellos que ahora me lee desconocía el efecto que puede causar en la Humanidad, considero el momento PERFECTO para enterarles de su acción contraria al AMOR.

Incluyamos a los noticieros, periódicos, revistas, radio, internet e individuos que en forma personal usan muchas parte de su Tiempo en difundir y hasta a veces crear mentalmente para luego compartir y contaminar las Mentes de Otros, de acontecimientos desagradables que solamente causan preocupación, estrés, dolor.

Sentimientos causantes de emociones
NOCIVAS A LA SALUD

Me detengo para hacer un llamado a Ti, Lector, en referencia a importancia que tiene LA ORACIÓN.
Oremos inteligente/MENTE cada día hablando con nuestra Fuente Creadora diciéndole:

¡Papá, Eres Perfecto!
En el conocimiento del poder ilimitado
que has puesto en mi mente
y los latidos amorosos de mi corazón,
deseo que todo hermano pueda gozar
del privilegio de conocerte
y amarte plenamente.
Soy uno en Ti y en mis hermanos;
sea cual fuere su situación...
reconozco que deseándoles todo bien
estoy en comunión Contigo y con ellos.

Mientras te duchas y desayunas podrías escuchar música clásica alegre o tranquila, o canciones con letras como una de México cantada por Manuel Mijares y Lucero a quienes les envío bendiciones por sus grandes espíritus y la constante actitud de armonizar con el Universo.

... "Di lo que sientas, haz lo que piensas, da lo que tengas y no te arrepientas.
Y si no llega lo que esperabas, no te preocupes jamás te detengas; pero sobre todas las cosas...nunca te olvides de Dios. Serás del tamaño de tus pensamientos, no te permitas fracasar, lo más importante son los sentimientos, y los que no puedes comprar."

Canta y celebra la Vida a cada instante. Si vives en compañía de familiares, familia o amigos, salúdalos con mucho amor y deséales un maravilloso día estrechando su mano, con un cálido abrazo; ello representa armonizar con el Universo.

Al alimentarte saborea cada uno de los elementos que ingieres.
Lentamente y agradeciendo la fuente de la que provienen.
Inhala tranquilamente el viento al salir de tu casa.
Al conducir tu auto o ser conducido a tu trabajo, escuela, lugar de entretenimiento, etcétera... ríndete al Amor.

Mantén buena relación con todo el mundo.
Sonríe a cuántos puedas
y disfruta de la magia de
La Llave Maestra: TU SONRISA.
Escucha el canto de las aves y al murmullo de la humanidad
imagínalo como el bramido del Mar... logras calma y paz.
Realza las cualidades de las personas,
sin enfocarte en lo que antes te produjera intranquilidad.

Exprésales cuánta felicidad te transmiten con sus divertidas ocurrencias, pláticas portadoras de enseñanza y buenas noticias.

Nunca trates de convencer a nadie de tus ideas, solamente transmítelas con el deseo de compartir y si tratan de convencerte de algo, nunca rechaces aquello, simplemente di:

..."Me Parece Interesante, Lo Tomaré En Cuenta"

Y tal vez podrías pensar:
"bueno, mientras me sienta bien ayudando a estas personas
... lo haré."
Será mejor mantenerse alejado de situaciones
que causen intranquilidad.
Mantén tu Energía en Alto Nivel.

Tu Espíritu conectado con Dios y practica el Silencio, La Meditación.

Toma muy en cuenta lo imprescindible de la meditación, el ejercicio, tu alimentación, la paz y tranquilidad y el grado infinito de amor en el que vives, HAZ POR SENTIRTE BIEN PARA ATRAER COSAS BUENAS A TU VIDA.

Examina si al dedicar tu tiempo en dichas circunstancias estarías desperdiciando tu energía la que has adquirido a base de disciplina y conocimiento y haz un alto...entrégale a Dios tu inquietud de querer ayudar, habla con Él y agradécele te haya hecho partícipe de Sabiduría.

Tú única labor es ¡PERMANECER CONECTADO!
Confiar plenamente en la Fuente de la que Vienes
y a la que vas de regreso.

La preguntas de cómo, dónde, por qué, cuándo, quién, para qué, cuál, cuántos y todas las formuladas preguntas que pudieses empezar a crear en tu Mente…
entrégaselas al DIVINO

Ríndete ante su Poder.
¿O acaso los bebés preguntan?

¿Has escuchado que
TIENES QUE SER UN NIÑO PARA ENTRAR AL CIELO?

Muy tarde anoche mi adorable hermana Chayo y Yo tuvimos el privilegio de ser canales del Amor Divino. Cuando volvíamos de nuestra mini misión, escuchamos en la radio esta canción y le dije: …"Sí hermana, si me dieran a elegir una vez más, te elegiría sin pensarlo, una vida más y todas te elegiría de hermana, te amo mucho." Luego bromeé con ella comentando: "¿qué tal si me arriesgo a pedir cambio de hermana y no me gusta?"

Comparto ahora esta canción con profundo agradecimiento a quienes han descubierto ya su Misión en esta Vida convirtiéndose así en Canales del Amor de Dios, que nos hacen sentir "COSQUILLAS EN EL ALMA" y encontrar a TODOPODEROSO dentro de nosotros mismos. Nos abraza haciéndonos vibrar.

Hace una hora, esta mañana de Junio 6,
la misma canción en mi Mente:
(De Franco De Vita)

Si me dieran a elegir una vez más te elegiría sin pensarlo,
es que no hay nada que pensar.
Que no existe ni motivo ni razón para dudarlo ni un segundo
porque tú has sido lo mejor que tocó este Corazón
y que entre el cielo y Tú, Yo me quedo Contigo.

Si te he dado todo lo que tengo,
hasta quedar en deuda conmigo mismo,
y todavía preguntas si te quiero. ¿Tú de que vas?
Si no hay ni un minuto de mi tiempo
que no me pasas por el pensamiento
Y ¿todavía preguntas si te quiero?

Si esto no es querer entonces dime tú lo que será,
si necesito de tus besos... pa' que pueda respirar
y de tus ojos que van regalando vida y que me dejan sin salida
y para qué quiero salir, si nunca he sido tan feliz
que te prefiero más que nada en este mundo.

Si te he dado todo lo que tengo,
hasta quedar en deuda conmigo mismo,
y todavía preguntas si te quiero. ¿Tú de que vas?
Si no hay ni un minuto de mi tiempo
que no me pasas por el pensamiento
y ¿todavía preguntas si te quiero?

u oh, y ¿es que no ves, que toda Mi Vida tan sólo depende de Ti?

Adiós al Estrés

Haz lo Que te Guste y Ama lo que Haces

Lo Aprovechable y lo Inútil, Sentido Común

Palabra Impecable

Carga Ligero

Comprendes lo imprescindible de
SENTIRTE BIEN PARA ATRAER O GENERAR LO BUENO HACIA TI.

SENTIRTE BIEN

Recuerda en cada instante lo importante de albergar solamente
SENTIMIENTOS BUENOS y así tienes asegurado tu

BIEN-ESTAR

HAGO LO QUE AMO Y AMO LO QUE HAGO

Haz lo que te gusta y así te mantendrás en una constante
Satisfacción de SENTIRTE BIEN

¡Y AMA LO QUE HACES!

Festejas cada día tus actividades y amándolo
todo, tienes en plenitud ALEGRÍA Y GOZO
¡LA ALEGRÍA Y EL GOZO te generan Más y Más para Celebrar!

LO APROVECHABLE
Y LO INÚTIL

Lo aprovechable lo detectas con facilidad.
Todo lo que te produzca paz, tranquilidad y buenos sentimientos.
Además de tu perseverancia para aprender
... alimentarte de Conocimiento.

LO INÚTIL QUEDÓ EN EL OLVIDO

**Ahora te es sencillo darte cuenta
Cuando algo afecte tu tranquilidad
Y tu estado de amor.
Deseas vivir en espíritu
luego de experimentar
Y hacer de tu vida
una Fiesta de alegría y paz interminables.**

**Prepara Un Regalo Para Ti:
Un Estado Constante De Entusiasmo
¡Amas Vivir Así!**

Utilizar el Tiempo inteligentemente dirigiendo nuestra Mente al Sentido de la Paz. En conversaciones útiles, seguros de estar contribuyendo con nuestra energía para obtener resultados de éxito tanto para nosotros mismos como para nuestra familia, amigos y nuestra comunidad.

El sentirnos entusiastas cada día y al caer cada noche por haber pensado, sentido y actuado conforme al Plan de Alegría, incrementará nuestra confianza ya que lo que antes parecía ser complicado, se convierte en una constante Felicidad.

USA TU SENTIDO COMÚN

Viviendo en esta constante actitud, cocinas **suculentos platillos de felicidad y paz** los envías al Universo y ya vienen a ti exactamente a alimentarte en algún momento de tu aprendizaje en el cual, ya sea por un mínimo detalle en que olvides practicar constantemente buenos sentimientos de respeto prioritario hacia ti mismo o hacia los demás.

O tal vez por esos momentos en que las actitudes de otros, pasan a afectar en alguna forma nuestro diario vivir.

Recuerda que esos suculentos platillos vienen de regreso a Ti por la Gracia Divina y de manera Perfecta.

En lo personal, viví hace unos días por mi intento (y digo mi pues reconozco haber prescindido del divino recurso-mi comunicación con Dios) compartí lo mejor de mí hasta olvidándome de que soy número uno porque el Espíritu de Dios en mí es el: número "uno".

Y pasó lo que tenía que pasar...nada curioso... pero estuve segura de que esos platillos venían ya hacia mí por mi constante y prolongado vivir en Espíritu.
Lo ideal hubiese sido mantenerme conectada con el amor a mí misma. De algo estoy feliz...

De compartir mi felicidad.

ES MARAVILLOSO COMPARTIR
TU CONOCIMIENTO Y AMOR CON OTROS
GENERAS ABUNDANCIA

Me dije:

…"Lupita, ahora tal vez sientes esta herida causada por Ti misma hacia Ti misma… pero recuerda que tienes ahorrados

B O N O S

D e l   B a n c o   d e   l a   F e l i c i d a d
(platillos suculentos)
Están al llegar y te hacen recuperarte
Mágicamente"
Y así fue y así es.

Permanecer atentos a la forma de remar nuestro barco de manera gentil y en calma, respetándonos a nosotros mismos; siendo honestos en forma personal y extendiendo nuestra honestidad a los demás, es clave básica para mantenernos alejados de situaciones lamentables.

Ahora ya somos conscientes
Ya eres consciente.

Hay algo que practico todos los días para asegurarme de lo que El Universo me trae a su vez todos los días y es:
Bailar con profunda Intención y Pasión en estado absoluto de Gratitud y Alegría. Lo hago en la intimidad con el Espíritu de Dios que me acompaña; y también frente a alguien con el propósito de unirnos al Espíritu de esa persona para Agradecer y Celebrar la Vida.
Te invito a realizarlo…

¡es realmente retro-alimentador!

PALABRA IMPECABLE

Palabra limpia hacia ti y para ti; y luego se extiende a los demás. Desde que piensas, sientes y expresas esos sentimientos y pensamientos a través de la palabra.

Los pensamientos y palabras que enviamos al Universo con nuestras palabras, tienen que corresponder a los sentimientos de Paz, Simplicidad y Honestidad.

Es vivir en la certeza de que "Lo Bueno está Al Llegar."
De hecho imagina que ya lo estás disfrutando y agradécelo.
Un vocabulario Limpio es producto de
SENTIMIENTOS Y PENSAMIENTOS DE AMOR

La Biblia dice:

NO PUEDE BROTAR DE LA MISMA FUENTE AGUA DULCE Y AGUA SALADA.

**RECUERDA QUE TU FUENTE DE CREACIÓN ES
AMOR
Para recibir Amor, Ama constantemente**

**Pero debes Amarte NÚMERO UNO
pues dentro de Ti habita el AMOR
Considera permanentemente
EL RESPETO A TI MISMO
y así generas
RESPETO DE LOS DEMÁS HACIA TI.**

EMITE solamente palabras reflejo de BUENOS SENTIMIENTOS.
Palabra limpia-palabra cristalina

Palabra de Sabor Dulce
y Sonido Agradable a tu Oído y al de los demás.

UN CORAZÓN AMOROSO ES SABIO.
CHARLES DICKENS

Dos de los versos hermosos del Tao Te Ching señalan:
"Los sabios permanecen callados,
los que hablan, son ignorantes"

"Aún la jornada de mil millas inicia
Con un sencillo paso"

Un canto parte en la educación impartida a los niños en Estados Unidos de Norteamérica: ..."rema, rema, rema tu barco bajando gentilmente la corriente; felizmente, felizmente, la vida es sino un sueño." Ser gentil contigo mismo y con los demás, es clave para vivir la vida como una fantasía, felices como niños.
Gracias Dr. Wayne Dyer por hacernos recordar esta canción.

De la Oficina de quien entonces fuese Directora de Mi Colegio "La Paz" tomé este pensamiento:
..."Habla poco. Analiza primero tus pensamientos y solamente expresa los que consideres verdaderamente importantes."

Contemplando la calma y la paz de las flores y los árboles durante su crecimiento, podemos determinar lo maravilloso de su silencio convertido en la magnitud de su belleza y perfección. Nuestra Palabra con Calidad Absoluta y hasta borde llena de Valores, el más importante EL AMOR.

Cada Palabra pronunciada con el Criterio de Dios.
Habla a otros a la manera de Dios.

CARGAR LIGERO

Cargar ligero significa Simplicidad en tu Vida.

Es el perfecto BALANCE de
PAZ Y JÚBILO CONSTANTE

ES SIMPLICIDAD

Tanto en tus actitudes como en la apariencia de tu Físico, tu rostro refleja tranquilidad y alegría y quienes te rodean te hacen la observación: ¿estás cansado? o ¡qué bien luces hoy! Eso casi siempre sucede.

Vivir en Armonía con el Universo es el resultado de tu actitud disciplinada para gozar Tu tranquilidad.

Como recurso principal tienes el valor de la **Honestidad.**

Escucha claramente a tu conciencia.

Tu intuición se desarrolla tanto, llegando a una madurez plena y sabia hasta conducirte siempre acertadamente en tu diario desarrollo.

Detente en forma aún más especial a escuchar a tu conciencia; esta amiga leal te aclarará cuándo decidir o no, dar ciertos pasos en tu vida; nunca falla.
La conciencia es el diez por ciento de la Mente y el otro noventa lo ejerce el inconsciente o subconsciente, por ello es prioritario vigilar la actividad de ambos.

Esa conciencia te indica acertadamente si tu Paz se ve amenazada. Conduciéndote a un Estado de Tranquilidad constante, canalizando Tu Vida por Caminos Simples y Felices.

Recientemente he experimentado una mágica e intencionada actitud personal. Impregno mi Mente del sentimiento de estar realizando ya, alguna actividad motivo de alegría y esparcimiento. Este Técnico Procedimiento llega al Inconsciente pasando primero por el Consciente.

A ciencia cierta, creando la energía la envío y consecuentemente traigo el éxito a mí.

Atravieso por el trance confiando en mi proceder, debo confesar que en ocasiones es una intensa labor pero sin lugar a dudas me ayuda a sobrellevar cualquier circunstancia temporal de carácter intranquilo... la Luz de un Nuevo Amanecer Brilla desde el momento en que virtualmente disfruto de aquel momento feliz y luego entonces, la magia se produce: paso exitosamente la prueba y recibo la calificación gratificante a mi esfuerzo.
Te lo recomiendo, funciona Perfectamente.
Sé con exactitud que todo lo que venga será por mi más alto bien.

Parecería un juego de Fantasía ¿verdad?
Exactamente es Vivir Fantásticamente. Realmente lo es.
Es comprender la verdad que fuimos olvidando
cuando rebasamos la edad de los cuatro o cinco años
y nos empezamos a contaminar de Virus e inocentemente
permitimos ser enseñados a mentir, temer, sufrir, castigar.
La amistad con nuestra conciencia fue disminuyendo.

**Ser Feliz es nuestro Propósito
Amar la Verdad nos hace Libres.**

NOTAS

NOTAS

VI

ÁMATE MUCHO HAZTE AMAR

Sé Amable

Tu Relación con los Demás

Que Nada Pare Tu Entusiasmo

Hazte Respetar

SÉ AMABLE

Anteriormente compartí contigo mi concepto
SER AMABLE

Ser amable es HACERSE AMAR POR LOS DEMÁS
(Causar el Efecto de Atraerte el Amor de los Demás)

Nada que ver con acostumbradas frases de Gracias,
Con su Permiso, Usted Primero, Pase Usted, Buen Día o Noche.

¿Qué función tiene entonces la palabra si en el fondo del corazón, la mente y la conciencia, nuestros sentimientos carecen de sinceridad, de amor, de la actitud dirigida a hacernos amar por los demás?
Ésta debe ser nuestra constante y poderosa intención.

PARA SER AMADO, SÉ AMABLE. OVID

Seamos como el delfín, creatura amorosas.
Maduremos nuestra intuición al nivel del sabio Delfín que cordial y graciosamente baila en su deseo de convivir y hasta sobrevivir frente a animales y otros seres que atentan contra su integridad física.
En nuestro caso encontramos ciertos personajes a lo largo de nuestras vidas ante quienes la danza del delfín será nuestro baile favorito.
Sabiduría excepcional.

Hagámonos amar.
Eh...sí, tienes razón: porque deseamos bien-estar
"para el número uno" somos Tú y soy Yo.

TU RELACIÓN CON LOS DEMÁS

Si alguien pretende vengarse
deberá cavar dos tumbas
(Proverbio Chino)

Factor importante a tratar después de haber puntualizado en El Ser
Amable

Siempre da Amor
nunca te arrepentirás
el Universo te devolverá AMOR

Si ya caminas por sendas de paz, gozo, alegría, júbilo y amor es porque
ya has aprendido a amarte y a amar a los demás.
En veces aparecerán en el escenario de la vida personajes que tal vez
tú mismo te hayas atraído por algún descuido; con quienes tendrás la
tarea de interrelacionarte usando

...la danza del Delfín.

Nosotros No podemos hacer Grandes Cosas,
solamente Cosas Pequeñas con Gran Amor.
Madre Teresa

¡La Sabiduría esté siempre Contigo!

QUE NADA NI NADIE
PARE TU ENTUSIASMO

Tu estado de entusiasmo será o es ya tan habitual,
y digno de celebrar.

Nada ni nadie podrán detenerte o intentar siquiera frenar tu
aportación de Alegría al Universo

¡Trasciende a niveles superiores!

MANTÉN UN ELEVADO
ESPÍRITU DE CONCIENCIA
obligándote a Ti mismo de ser necesario,
a APORTAR ALEGRÍA,
a SONREÍR Y SONREÍR AFLUENTEMENTE

Una persona adulta sonríe en promedio quince veces al día.
Un recién nacido sonríe en promedio trescientas veces al día.
Y Tú, ¿cuántas veces has sonreído hasta este momento de este
maravilloso día?

_____

_____

Tus recursos favoritos de
ALEGRÍA Y SONRISAS:

_____

_____

_____

_____

_____

_____

_____

_____

_____

_____

recurre a ellos cada vez que lo desees

Para Mí, Lupita, es:
Acudir al Gimnasio y a la Alberca.
Hacer Ejercicio.
Leer, Escribir.
Ayudar a Otros.
Cantar y Escuchar Música. Bailar el Baile de la Gratitud.
Hablar de temas que generen paz y gozo.

Cuando me preguntan si veo Televisión, respondo:

... "Eh. Sí...sí la veo, mm... pero apagada"

Y que algunas veces la veo y es para deleitarme con programas cómicos como Everybody Loves Raymond, According To Jim, George Lopez, King Of Queens, Two Man And A Half, mencionando algunos.

Nota: Realmente te sugiero estos recursos cómicos cuando llegaras a atravesar alguna senda tortuosa.
Estos "Ángeles de La Risa" te alivian con precisión y muy en tiempo.
Recuerdas la conexión músculo-facial con el cerebro: Regalo Divino.

¡Eres Perfecto Papá!

El Cerebro produce ENDORFINAS
cuando nos reímos
Y las endorfinas nos aportan
FELICIDAD

Siéntete completamente seguro de que, "eso"... lo que en algún momento consideras tortuoso... es parte de tu deseo...y sin duda alguna, sientes tranquilidad, descansando tu espíritu y a la vez amando tu cuerpo, al evitarle emociones que probablemente afectarían tu salud.

GOZAS EN LA CONFIANZA DE QUE
"LO BUENO ESTÁ AL LLEGAR"

H a z t e
R e s p e t a r

Respétate a ti mismo con Amor Absoluto.
Piensa... ¿cómo te sentirás al ser respetado?
Estás utilizando tu creatividad y dándole a tu constante aliado
Subconsciente la petición. Te aseguro la realización de tu deseo.

Siente por adelantado un profundo agradecimiento, imagínate ya
celebrando esa alegría.

Nunca permitas que nadie te utilice

El servicio a los demás
es una aportación de cooperación
pero debe realizarse con justicia y honor
con respeto y Amor... sobre todo Amor.

El que no vive para servir, no sirve para vivir.

Recuerda siempre darte lo Mejor, Procurarte Lo Mejor, teniendo muy
presente todos los valores símbolo de Educación para mantener el
Balance y la Armonía.

La Paz y la Simplicidad en tu Vida.

Tu Huésped Honorable merece Respeto. ¡Haz por sentirte bien! ...
haciendo lo que te conduce a sentirte bien, tendrás asegurado el
Respeto y el Amor.
La primera manifestación de que disfrutas la Vida sobre Aguas Suaves
de Buenos Sentimientos, Pensamientos y Obras, será que desaparecerá
en Ti la atención que dabas a lo que los demás opinan sobre ti. Tu viaje
se vuelve aún más ligero y placentero.

NOTAS

NOTAS

VII

ERES Parte Del Universo

Tus Responsabilidades

Cultivarte, Leer, Escuchar, Crear tu Vida, Celebrar

El Descanso, La Meditación

Hazte Regalos

Tus Privilegios

Alcanzar tus Metas

Ser Enteramente Feliz

Eres Parte del Universo

Somos Uno en Nuestra Fuente Creadora.

Imaginemos una Cadena o un Collar.
Todos sus eslabones están formando parte de un todo...más o menos así te explico eso de que somos Uno.

Si quitamos un eslabón de la cadena, algunos quedarán desconectados... sufre afectación en su diseño, en su tamaño y forma.

Si hablamos de un collar... quitamos una de sus piedras Preciosas. Afectamos su tamaño y forma, muy posiblemente la resistencia del lazo que une todas las piezas, su belleza y forma original.

Seamos productores de buenos sentimientos, de buenos pensamientos, de buenas palabras y de buenas acciones.
Eso mismo tendremos de regreso: Buenos Sentimientos, Buenos Pensamientos, Buenas Palabras Y Buenas Acciones.

A la Madre Naturaleza habremos de cuidar de la misma manera y Ella nos responderá con Abundancia, Calidad y Perfección:

Démosle Amor y nos Regresará Amor.

Dr. Wayne Dyer explica que una sola gota de sangre extraída del torrente sanguíneo de una persona, tiene el mismo porcentaje de hierro que el total de sangre de esa persona, siempre y cuando sea recién extraída. La separación da origen a su descomposición. Deja de ser útil.

Así nosotros, si permanecemos unidos al Torrente de Poder, a la Fuerza Creadora, somos Uno. Todos, como diminutas gotas de Sangre, somos Uno llenos de Poder y mediante el conocimiento nos facultamos para ser Felices.

Siendo Uno con el resto de gotitas, que por más pequeñas que parezcan, contienen el potencial máximo.
Raza, credo, nacionalidad, etnia, edad y género somos todos Uno en la responsabilidad de crear, mantener y conservar el Amor, el Respeto, la Paz, la Humildad y la Gratitud.

El Universo marcha con Perfección
y las Gotitas de Sangre Unidas
en la Fuerza Perfecta,
celebran ya el cambio de la Humanidad
a una Humanidad Inspirada.

Algunas fotografías o cuadros con escenas significantes de: lazos de amor entre tú y tus seres queridos, así como de tu contacto con la naturaleza.

También otras reflejando la presencia del reino animal, tus mascotas, visitas al zoológico, etcétera, colocadas en algún muro de tu hogar, como tu lugar favorito de agradecimiento, te ayudarán a recordar tu relación con el universo.

Tus Responsabilidades

Cultivarte, Leer, Escuchar, Crear tu Vida, Celebrar
Educarte es tu Primera Responsabilidad
Con lecturas amenas y positivas

Eres el responsable de la aceptación de tu
Reciente plan de vida "Feliz"

Escuchar más que hablar. Y permanecer en el entendido de que **nada de lo que pensamos y mucho menos lo que escuchamos es cien por ciento verdadero.** Crea Tu Vida minuto a minuto con la confianza plena de:

"Todo lo puedo en Dios que Me Fortalece"

Recomienda La Lectura, más que aconsejar.
Tu opinión solamente compártela cuando alguien te la pida.

Celebrar es una fiesta constante, con decirte que hasta dormido estás en una plena celebración de agradecimiento.

Festeja tu felicidad y así estás agradeciendo poderosamente; ya ves cuántos motivos de celebración y más agradecimiento vienen ya a ti. ¡Eres muy feliz!

Vuélvete un Admirador de las diez mil cosas creadas para Tu Beneficio y Cuídalas conscientemente.

Sorpréndete del color del Cielo, de las Flores, del Aire, de la Sonrisa que recibes cada día...y reconoce la amorosa responsabilidad que ejerce Tu Energía en relación con todo y todos los Seres de este maravilloso Planeta.

Siente responsablemente, piensa responsablemente, habla respons-ablemente, actúa responsablemente y desea responsablemente...en Armonía con El Universo.

Y te aseguro que el mismo trato que te des en forma personal y el trato que des a los demás, recibirás cada día. Porque en la medida que midas serás medido y en la medida que dieres recibirás. Frase de antaño, muy conocida y verdadera.

Infórmate y participa en referencia a la Protección del Medio Ambiente.

Personalmente disfruto bastante el escuchar Audio-Libros. Están bajados de Internet y grabados en uno de esos pequeños compañeros de avanzada tecnología que para nuestro más alto bien podemos gozar...pesan treinta veces menos que las grabadoras antiguas. Durante el Día y también en la noche, ya en la comodidad de la cama, celebro el don de "Escuchar" toda esta Sabiduría.

Leer y escuchar libros, compartir y recibir de otros es cada vez más frecuente y reconfortante.

EL DESCANSO Y
LA MEDITACIÓN

Descansar recarga La Energía de tu Casa de Amor.

Si estuvieses muy cansado de un largo viaje o una jornada agotadora, te asegurarías de darte descanso en un lugar propicio, de ambiente agradable, tranquilo.

¡Eso pide tu Subconsciente! Estabilidad

¿Quieres ser Huésped del estrés y la ansiedad o quieres ser Anfitrión de PAZ Y ESTABILIDAD?

Dormir un sueño de Calidad significa hacerlo
con Paz y Tranquilidad

En la Oscuridad nuestro organismo produce Melatonina, sustancia encargada de relajarnos y conducirnos a un sueño profundo y fortalecedor.

Dormir satisfactoriamente. De seis a ocho horas diarias son recomendables. También la provechosa siesta es un alimento portador de tranquilidad. Nos revitaliza.

El estrés, la fatiga, el desgaste de energías y un estado de intranquilidad afectan la reproducción adecuada de las células.

La Reproducción Celular inadecuada trae como consecuencia padecimientos que obviamente se originan por vivir infeliz.

Nuestro Organismo Está Diseñado Para Vivir **Feliz.**

Y solamente Tú eres quien puede generarte una vida feliz. Descansa lo suficiente y practica algún ejercicio.

El Yoga como Meditación es la mejor herramienta; aunque es suficiente con el Silencio que Tú mismo encuentres dentro de ti. Momentos de absoluto Silencio.

Y ya aprendida la Técnica de Respiraciones lograrás más paz interior... eso es meditar, emitir sonidos sin esforzarte...Ahhhs, Ahms, Oms, y sentir que desde el centro de tu Ser un Poder se intensifica relajándote y hasta haciéndote Levitar (disfrutar consciente y plenamente del Poder de tu Espíritu...llegando al grado de dejar atrás el sentimiento de conexión con lo material: tu cuerpo y lo que te rodea). Sumas salud a tu cuerpo y Tu Ser Superior Vibra en ti a Plenitud.

Puedes acudir a grupos de Yoga y aprender Meditación Trascendental.

El contacto con la Naturaleza nos conecta con la Fuente que nos creó y al estar en íntima comunicación con el Poder Creador, nos llenamos de Paz y Felicidad.

HAZTE REGALOS

El Éxito y la Prosperidad son un estado de satisfacción que brindan bienestar y alegría, mas es imprescindible tener en cuenta qué es lo que realmente importa...me refiero al "Ser Feliz."
Ser Feliz implica dominar cada momento tus emociones, tus sentimientos, tus pensamientos, tu palabra, tus actos y tus deseos.

Solamente así se puede conservar un estado constante de éxito y prosperidad, de lo contrario, estos podrían ser efímeros y podrías recuperarte alguna o varias veces volviendo a vivir de esa manera.

Pero lo verdaderamente importante es tu dominio del "Conocimiento" teniendo asegurada tu felicidad permanente.
Que todo lo que realices corresponda a lo importante que consideras tu vida.

Regálate buenas compañías como lo son los libros, audio-libros.
Por internet puedes descargar audio-libros que te alimentarán.
Tu espíritu se siente muy complacido al grado que te pide más alimento del mismo.
Tal vez nunca imaginaste lo atraído que te sientes hacia el conocimiento.
Es grandioso.

Al menos un día de cada semana, pasea por lugares donde tengas contacto directo con la naturaleza...te conecta con la Fuente Creadora, sintiéndote más feliz aún.

Realiza tus anhelos, realízate en eso que
tanto te gusta
y siempre has querido hacer...
¡Simplemente hazlo!
A continuación
he reservado esta página
para que escribas esa META
que siempre has tenido en mente
Y ahora al escribirla
te auto-conduces
Al Camino de la R e a l i z a c i ó n

Tu firma _____

TUS PRIVILEGIOS

Alcanzar Tu Paz Interior

Gozar Permanente Felicidad

Disfrutar de TODO Y DE TODOS

Ver que la vida no es una serie de acontecimientos casuales sino un sendero de despertares y aprendizajes cuyo propósito es la alegría y satisfacción máximas. (Deepak Chopra)

Dejar el pasado para vivir el presente y traigo a ti un pensamiento, también del Doctor Deepak Chopra.

Me parece tan claro y mágico, poderoso y lleno del Amor de Dios, que he querido proyectarlo aquí y de forma especial en la siguiente página para que lo coloques frente a ti cada despertar y cada vez necesaria puedes recurrir a este para reafirmar tu compromiso de ser feliz.

..."mis deseos son parte de este momento y lo que necesito me es provisto aquí y ahora" Dr. Deepak Chopra

SER FELIZ ES PRIVILEGIO DIVINO

..."Mis Deseos Son Parte De Este Momento y Lo Que Necesito me es Provisto Aquí y Ahora."

Dr. Deepak Chopra

..."Mis Deseos son Parte

de Este Momento

y Lo Que Necesito

me es Provisto

Aquí y Ahora"

Dr. Deepak Chopra

Alcanzar tus Metas

Mediante La Disciplina presente ahora en tu Vida, vas concretando uno a uno de los seguros pasos. Enamorándote de cada instante maravilloso de Amor. Engrandeciendo tu Espíritu día a día hasta que logres mantener un estado de Júbilo constante.

Y por ese júbilo constante, ese Papá perfecto está más que complacido de aproximarte todas las cosas, personas, tiempos y eventos para que alcances una a una tus Metas.

Quieres felizmente una sensación de perfección que deseas contagiar, disfrutas transmitirla a todo y a todos.

Dando lo mejor de Ti, tus realizaciones con un gozo muy especial... el de saberte acompañado con la voluntad del Creador.

En su Amistad todo se vuelve de fácil entendimiento.

"Mi presencia en esta vida es motivo

de Alegría para todo y Todos

... principalmente para mí.

Llevo en mi rostro la Sonrisa

que Irradia Felicidad por doquier,

Yo Soy Canal de

Amor, Paz, Perdón, Consuelo y Fe."

Lupita Villalvazo

"Mi presencia en esta vida es motivo

de Alegría para todo y Todos

... principalmente para mí.

Llevo en mi rostro la Sonrisa

que Irradia Felicidad por doquier,

Yo Soy Canal de

Amor, Paz, Perdón, Consuelo y Fe."

Lupita Villalvazo

NOTAS

NOTAS

NOTAS

VIII

COMPROMÉTETE
Y SÉ FIEL

COMPROMÉTETE
Y SÉ FIEL

Con tu Yo Interno y con el Universo

ante todo viviendo en "espíritu" conectado con el
Ser Superior en el compromiso
de vibrar siempre en la frecuencia
del "Amor"

Ofreciéndote a ti mismo ese amor por ti mismo y luego entonces, ese
Amor de Dios brota de ti con tanta fuerza haciéndose sentir por quienes
te rodean y con quienes tratas cada día.
Emana de tu ser esta gran fuerza de alegría y amor, y recibes de
regreso: más amor y más alegría.

La Fidelidad es automática
...has entrenado y alcanzado
la disciplina de Vivir en Espíritu

Pleno de entusiasmo y celebrando cada momento,
con el mayor agradecimiento,
ciertamente MÁS Y MEJOR viene a ti.
Tu subconsciente está trabajando día y noche en forma aún más
efectiva, mediante la disciplina que has adquirido.

El universo entero es favorecido
por tu aportación
De felicidad constante

Entonces comprendes lo grandioso y perfecto de tu yo interno.

El universo responde
a la medida de tus pensamientos,
a la medida de tus sentimientos,
a la medida de tus palabras,
a la medida de tus actos
y a la medida de tus deseos.

NOTAS

NOTAS

IX

LA GRATITUD
Y
LA HUMILDAD

... "Quiero transmitir mi felicidad de vivir

e impregnar de Amor a los lectores,

El Amor que Todo lo Conquista

Y en Quien podemos Conquistar Todo"

Lupita Villalvazo

LA GRATITUD Y LA HUMILDAD

Agradecer es tu permanente actitud, basada en el conocimiento de que los seres más exitosos y prósperos de todos los tiempos, eran personas demasiado agradecidas.
Mentes poderosas en la frecuencia armónica del amor y de la paz.

Y humildes reconociendo que agradecer en plenitud es asegurarse abundancia en todo.

Ellos mismos, prósperos y sabios hombres del "agradecimiento y la humildad" practicaban el "diezmo."

El "Diezmo" como su nombre lo dice: dar uno de diez.

Compartir la abundancia con alguien en necesidad, puede ser esto en dinero o en atención personalizada hacia quien necesita tu atención ayudándole en ese momento a "él o ella" con tu presencia; siendo Canal de Amor para dar aliento a alguien.

La Compañía Grata
La Sonrisa Gentil
La Presencia del Amor

Ralph Waldo Emerson daba gracias
cien veces al día generándose así
éxito y prosperidad.

TAMBIÉN
POR TUS OPONENTES

como ya lo vimos anteriormente.

¡SONRÍE!
DAR GRACIAS POR QUIENES
CONSIDERARÍAS TUS OPONENTES.

Tus oponentes a conseguir tus ideales.
A quienes antes considerabas "un tronco en tu camino."

Ahora reconoces la razón de su existencia y hoy comprendes
claramente sin juzgarlos ni resistirte a sus conceptos o actitudes.
Felizmente confiando en lo "que ya viene."

Nunca permitas que nada ni nadie
detengan la manifestación de tus deseos.

En los primeros meses del dos mil nueve tuve cercano trato con una
persona y algunos de sus seres más allegados. Tuve la gran oportunidad
de aprender más, por la naturaleza de estos personajes. Apenas había
escuchado a Dr. Wayne Dyer una de sus sabias frases. Gracias a Dios
y a Wayne pues cayó en mi entendimiento justo a tiempo. "Para mi
más alto bien."
Abraza esta frase, hazla parte de ti. Estas personas estuvieron en mi
vida para mi "más alto bien"...algo tenía qué aprender para favorecer
a la humanidad con mis experiencias.
Todo lo que viví estando cercana a ellos lo considero conocimiento y
beneficios. ¡Los Bendigo!

Nadie, ni Tú ni Yo podemos juzgar situaciones o personas como fatales
o de desdicha. Y menos aún si tu actitud es siempre positiva, alegre.

Haré una pausa para compartir mis vivencias:

...Yo tenía doce años cuando "Goyo", comúnmente llamado así por mis compañeras de Educación Secundaria, profesor de Español: Gregorio Castro a quien recuerdo con mucho amor y reconocimiento; nos dio la tarea de desarrollar un relato o cuento. Y cabe mencionar mi incomodidad ante mis compañeras de clase, ya que la mitad del grupo tenía la actitud de falta de respeto hacia nuestros profesores y hermanas religiosas en el Colegio.

Para mí era retórico.

Analizaba su proceder y a mi corta edad entonces, me dominaba la conciencia...pidiéndome que hiciese algo por mejorar la relación entre el grupo y del grupo hacia nuestros mentores.

Bien, la tarea fue realizada. Preparé el cuento.

Escribí creyendo que era mi primera vez.

Doy créditos a Papá por la ayuda que me brindó.

Allí estaba "Minú" para entrenarme al escribir, relacionarme con mi profesor y también con mis compañeras de grupo. ¡Qué satisfacción!

A pesar de ser exigente, Don Gregorio agregó un comentario halagador al Cuento.

"Minú" despertó en mis compañeras el interés por la Lectura.

"Minú" era mi gata siamesa la que habíamos traído de la Ciudad de México, escondida como polizonte en una Bolsa Grande de Mano; viajaba a bordo en el avión.

Papá, Mamá, mis hermanos y Yo, trajimos a MINÚ a vivir con nosotros. Era apenas una gatita de un mes de nacida. Su edad hacía imposible que viajase en la panza de la aeronave. Gracias a mi Papá por su apoyo en el desarrollo del Relato.

Agradezco a Papá...su amplio vocabulario.

Lupita empezaba a tener éxito entre las compañeras de grupo. Despertaba su interés por lo que AMABA HACER.

De tal manera que su entendimiento empezaba a considerar el acercamiento y la aceptación de LUPITA por sus interesantes Relatos. Tiempo cercano escribí la historia de DAVID Y CLAUDIA.

Ellos eran dos jóvenes enamorados quienes vivieron una historia de Amor bastante conmovedora, llena de ternura y amor real.

Cautivó los corazones de mis compañeras de grupo, ganándome su atención... gracia y regalo divinos que impactaran tanto a las hasta entonces difíciles y rebeldes jovencitas.

Haciendo uso de la Memoria, recuerdo las Cartas enviadas a mis
abuelitos quienes se quedaron a vivir en la Ciudad de México.
Eran narraciones divertidas de animales hablando
con humanos y arreglando situaciones.

De inicio interesante, misterioso, trama entretenido y final feliz.

Me detengo de nuevo para expresar la satisfacción alcanzada
por mí, pues ellas...mis compañeras y yo, estrechamos relaciones
convirtiéndonos en un grupo unido, de peculiar naturaleza. Ahora
agradezco a Papá Perfecto por el regalo para comunicarme a otros por
medio de la escritura.

En esa misma época, Papá y Yo fuimos al cine a ver la Película Hermano
Sol, Hermana Luna.
Es la Historia de San Francisco de Asís.
Gran regalo...Gracias Papá...aunque no salió muy satisfecho al escuchar
mi inmenso entusiasmo por querer seguir los ejemplos de San Francisco
en Mi propio vivir.

Se mostraba un poco indiferente cuando me escuchaba decir que Yo quería imitar al pie de la letra las enseñanzas de San Francisco.
(Comentario personal)
Tuve diferencias con Papá debido a mis preferencias de elevar mi Espíritu en forma constante para estar en comunicación directa con El Divino.
Papá y Yo siempre hemos sido excelentes Amigos... pero en el plano Espiritual, tuvimos y continuamos teniendo ciertas diferencias.

Este Regalo de la Redacción... de la Creación de Historias y hasta este Libro, son solamente canales de amor utilizados para varios propósitos, todos buenos y amorosos.

Mis compañeras de escuela fueron elevando sus Espíritus y mejorando la relación con maestros y familiares...

¡PAPÁ, ERES PERFECTO!

Te preguntarás el fin de la Historia de Amor entre David y Claudia. Ella murió dejando a David muchas enseñanzas y por supuesto, si así deseas imaginarlo, dispuesto a compartirlas con un Nuevo Amor.

¿Qué nombre le darías a la nueva musa de David? ¿En dónde se encuentra ahora David y su Dama? Pues al ser un joven tan lleno de valores, educación, espiritualmente lleno de poder y sabiduría, debo suponer que canalizó todo su potencial hasta atraer hacia Él una Mujer Valiosa y juntos caminar el Sendero de La Vida.

Ahora te exhorto a que descubras el significado de tu vida...el propósito o misión que tú mismo aceptaste cuando hablaste con Dios y Él te preguntó qué deseabas venir a hacer aquí.

¡Eso! A lo que hayas venido, exactamente de eso se trata tu paso por aquí. ¡Realízate! Ves cuántas bendiciones celebras y todo el sentido de felicidad que gozas al hacerlo.

Son muchos los motivos para celebrar. En mi caso personal, el rompe hielo de la rebeldía de mis compañeras de Escuela.
Mejoría en Relación alumnas-maestros y hasta con nuestros Padres. La confianza en Mí misma...me refiero a Autoestima.

El crecimiento de mi Potencial, la Comunicación por medio de la escritura y El regalo de La Música.
Por Mi Abuelo Médico y Violinista.

Mi infancia con Papá al piano y mi gusto por la guitarra, gracias a Mamá.

Mi guitarra el medio para comunicarme cantando por más de veinte años en Coro de Niñas y Niños.

Cientos de misas cantadas por esas angelicales voces infantiles.

Comunicación espiritual. Es a lo que vine.

Continúo feliz celebrándolo ahora contigo y todos ustedes.

Composición de canciones para Misa y de Mensaje Espiritual cotidiano y también varias obras teatrales infantiles puestas en escena durante las dos décadas participando en Coro Infantil, siendo un canal para entregar mensajes a quienes las presenciaron.

Mensajes Pro-Paz y Amor.

RÍNDETE AL AMOR

Rendirte significa contemplar con el corazón y la mente la grandeza de Su Poder.

Disfruta al ver la alegría de otras personas amándose...
te estás generando
Amor en tu vida

Al celebrar y sonreír con agrado cuando ves parejas que se aman te atraes amor, incluso hasta la relación que tanto has deseado.

Rendirte es armonizar con la fuerza perfecta del amor, es ir remando en aguas suaves y tranquilas... descubriendo, encontrando y deleitando tu viaje tranquilo, lleno de ternura y perfección.

Lupita Relato:...En los tres años que viví en Tempe, Arizona, conocí para mi más alto bien a Phyllis, una Mujer amorosa y bondadosa, llena de confianza en Dios.

Una tibia mañana de primavera, yo esperaba para una cita de trabajo y mientras esta se concretaba, Phyllis detiene su auto frente a mí y bajando el cristal de su auto inició su conversación por primera vez conmigo.

De ella más tarde, alrededor de dieciocho meses más, aprendí a rendirme al Amor de Dios.

Esos tres años han sido para mí plenos de bendiciones.

Agradezco en forma muy especial a las personas y Dependencias de Gobierno de la Ciudad de Tempe, Arizona. Su existencia impregnó mi vida de más Amor y Sabiduría.

Padre Gracias por Phyllis y los Libros de la Biblioteca Pública de Tempe, canales de Conocimiento.

..."Jugué a hacer las cosas a mi manera."

Otras veces me rendí inconscientemente a **TU AMOR.**

Otras tantas remé contra corriente y en a veces me dejé llevar por Ti, Papá Perfecto a través de los Libros y personas como Phyllis.

También llegué a pensar que tendría resultados Excelentes cuando me conectaba contigo irregularmente. ¡Oh Sorpresa!

Los resultados fueron a medias.

Me di cuenta que cuando remaba a mi manera experimenté inconsistencias en los resultados que Yo esperaba.

Pero allí estabas Papá, esperando a que yo te reconociera constantemente como Mi Fuente de Vida y Amor, Fuente Creadora de Quien proviene Todo y Todos.
Te busqué en Phyllis y allí estuviste siempre para recibirme y abrazarme. Para consolarme y hacerme entender que únicamente en
"Comunión absoluta Contigo todo marcha al cien."

EL AMOR CONQUISTA TODAS LAS COSAS
PERMITÁMONOS RENDIRNOS ANTE EL AMOR.
VIRGIL

RECONOCE TU PODER

La fuente de la que provienes es Ilimitada y Perfecta.
Abundante en todos los sentidos.

Tu Mente es absolutamente poderosa y es capaz, mediante el buen manejo de ella, de alcanzar desde niveles de conciencia altamente benéficos en tu vida diaria...hasta el poder de sanación. Sanación en forma personal y sanación a otros.

Manejando el segundo término: sanación a otros, es importante aclarar que a mayor deseo tenga la persona de ser sanada, tú podrás ayudarle orando por ella y confiando en el maravilloso regalo que Dios te ha conferido para interceder por otros.
Ya habíamos mencionado sobre el único lenguaje que Él escucha, El Lenguaje del "Amor."

Por ellos lo necesario de permanecer en espíritu, en comunicación directa con Dios siempre y a todo momento. Observando muy de cerca tus acciones las que te harán sentir maravillosamente bien: vivir en paz, en simplicidad y honestidad.

¿Ves cómo lucen las estrellas?
¿ves la perfección de su belleza?

¡Es la Perfección de la Creación!

LAS ESTRELLAS

En silencio nos ofrecen las Palabras de Dios y nos maravillamos de contemplar una Bella noche, una atmósfera despejada y luna llena adornada de millones de estrellas...en silencio lo disfrutamos más. Y es realmente porque venimos de una Fuente Amorosa de Silencio.

En el vientre de mamá vivimos nueve meses mientras nos desarrollábamos saludablemente gozando de ese silencio increíble.

Es este el poder del que te hablo: el poder infinito que Papá ha puesto en ti.

Papá Amor
Papá Perfección
Papá Seguridad
Papá Bien-Estar
Papá Prosperidad
Papá Paz
Papá Abundancia
¡Papá Tienes Razón!

TE AGRADEZCO LA LIBERTAD
AMARTE LIBREMENTE ES LO MEJOR QUE ME
HA SUCEDIDO EN LA VIDA.

Echarme un salto dentro de mí misma y encontrarte allí, dentro de mí... esperándome mientras yo usaba el maravilloso tiempo que pudo haber sido siempre perfecto, y yo, desperdiciándolo al querer hacer las cosas a mi manera.

Mas hoy, te agradezco Padre Todo Bondad, la libertad que me regalas para decidir libremente vivir bajo tu voluntad que es "puro amor."

Esto me hace recuperar el poder que me conferiste en gestación para crecer en silencio con este hermoso y armonioso cuerpo y el máximo regalo "Mi Mente."
Viviendo espiritualmente unido a Ti y Tú a Mí, estoy absolutamente seguro de que todo, completamente todo lo que llega a mí viene de Tus Amorosas Manos y para mi más alto bien.

Hazme un instrumento de tu Paz

San Francisco de Asís le dice a Dios:

**HAZME UN INSTRUMENTO DE TU Paz
en vez de decirle: DAME PAZ**

Precisamente porque reconocía que Dios vive dentro de nosotros y al vivir conscientes y gozar la experiencia,
la petición se vuelve:

**..."Señor, Tú Que Eres Paz Absoluta,
Amor Perfecto, Seguridad y Alegría...
Hazme Instrumento De Tu Paz...
Donde Haya Odio Lleve Yo Tu Amor,
Donde Haya Injuria Tu Perdón Señor
y Donde Haya Duda
Fe Señor En Ti."**
(Sección de Oraciones)

EL PENSAMIENTO IMPREGNADO DE AMOR ES INVENCIBLE

Charles Haanel

Solamente
Pensamientos de amor que te renueven por tu

Más Alto Bien

_____

_____

_____

_____

_____

_____

_____

_____

_____

_____

_____

_____

_____

_____

_____

_____

_____

_____

_____

_____

_____

_____

_____

_____

_____

_____

_____

_____

_____

_____

_____

_____

_____

_____

_____

_____

_____

_____

_____

**¡Pensamientos Positivos para
Elevar tu Nivel de Energía!
Vibrando en la Frecuencia de Dios.**

PENSAMIENTOS CÉLEBRES:

Where There Is Love There Is Life   Ghandi

En Donde Hay Amor Hay Vida   Ghandi

Love Is The Beauty Of The Soul.   St. Augustine

El Amor es La Belleza del Alma.   San Agustin

To Be Loved...Be Lovable.   Ovid

Para Ser Amado...Sé Amable.   Ovid

Love Conquers All Things; Let Us Too, Surrender To Love.   Virgil

El Amor Conquista Todas las Cosas; Démosle Paso Al Amor.   Virgil

You Yourself, As Much As Anybody In The Entire Universe,
Deserve Your Love And Affection.   Buddha

Tu Yo Interno, Tanto como a Nadie en el Universo Entero,
Merece Tu Amor y Afecto.   Buddha

We Can Do No Great Things, Only Small Things With Great Love.
Mother Teresa

Nosotros No podemos hacer Grandes Cosas,
Solamente Cosas Pequeñas con Gran Amor.
Madre Teresa

A Loving Heart Is The Truest Wisdom.   Charles Dickens

Un Corazón Amoroso es La Verdadera Sabiduría.   Charles Dickens

NOTAS

NOTAS

ABRAZO

EN

AMOR

Que el contenido de este Libro
Siembre o
Confirme en Tu Vida el
Amor Infinito
De Nuestra Fuente Ilimitada
Y seas UNO con DIOS,
Conmigo y con Todos y Cada UNO

Un amoroso abrazo que impregne tu Espíritu con el
siguiente pensamiento:

PADRE CREADOR   **MADRE NATURALEZA**

En Amor,

♪ Lupita

Cantando
al
Gran Amor

♪

CRISTO TE AMA
(autor desconocido)

Cristo te ama y quiere lo mejor para Ti

Cristo Prepara un Leño de Amor para Ti

Él quiere que Tú nunca sufras

Él quiere que Seas Feliz

Él quiere que pases la Vida Cantando y diciendo:

¡QUÉ BUENO ES VIVIR!

YO SÉ QUE ÉL VIVE
de Stanislao Marino

Si los vientos te obedecen,
si la mar por Ti se calla
¿por qué hay hombres que dicen que Tú no vives?
Si la tierra Tú la riegas con la lluvia de los cielos
¿por qué hay hombres que dudan tanto de Ti?

Es mi anhelo que las flores
les dijeran a los hombres
por cuál mano todas ellas fueron creadas
desde luego entenderían que sin Ti no existiría
la más bello que en el mundo pueda haber.

¿No ves el agua fluir
con la cual tú sosiegas la sed que aprisiona tu boca
a la sombra de un árbol, la cual te regala descanso?
pues entonces, ¿por qué te preguntas si hay un Creador?

Si quieres ver y contar
cada estrella que alumbra lo negro de un inmenso cielo
si no puedes, confiesa que Dios es real, no es un cuento,
es que es tan Grande... ¡no se puede negar!

¡Yo se que Él vive!
pues lo veo en la risa de un niño cuando voy pasando,
al oír el bramido del mar que me dice cantando
que hay un Dios verdadero que hizo toda la creación.

SIEMPRE, SIEMPRE ES HERMOSO VIVIR
(Autor desconocido)

Habiendo tanta belleza en el mundo no entiendo
cómo la gente está triste y hay tanto dolor;
si levantaran los ojos al cielo verían,
que de allí llega Luz y es de Amor.

Siempre, siempre es hermoso vivir
Siempre, siempre es hermoso vivir
Siempre, siempre es hermoso vivir
Si aprendemos a amar.

Habría paz en la tierra si todos se amaran
no existiría el odio ni tanto rencor;
si levantaran los ojos al cielo verían,
que de allí viene Luz y es Amor.

Siempre, siempre es hermoso vivir
Siempre, siempre es hermoso vivir
Siempre, siempre es hermoso vivir
Si aprendemos a amar.

Canciones
Inspiradas

Lupita Villalvazo

El Delfín

(Lupita Villalvazo 1975)
Comentario: Padre Maravilloso...es tuya
¿para qué Registrarla?

Les diré lo que esta noche tuve en sueños
un Delfín conmigo vino a jugar
y traía una Carta para Niños
que un Pescado me leyó con Amistad.

Desde ahora amiguitos vamos juntos a cuidar
nuestra Riqueza: La Belleza Natural
porque quizás en veinte años
cuando seas Tú Papá
sólo habrá comida en el ancho Mar.

Somos hermanos todos Uno responsables para Amar
las diez mil cosas maravillas a admirar,
hoy damos gracias respetando para luego disfrutar
más Regalos que seguro estoy ya hay

El Pescado me besó y el Delfín me sonrió...
de mi sueño desperté con Mucho Amor.

¡Papá, Deja La Soberbia!

(Lupita Villalvazo 1980)
(Inspirada en los acontecimientos de la Vida de
una Pequeña Niña a quien recuerdo con Amor)

Papá, deja la soberbia si me amas de verdad
y escucha lo que hace tiempo mi alma quiere hablar:
desde hace tiempo pienso que debemos de cambiar
empezando aquí en casa a ser familia ejemplar.

Me entristezco cuando dices: hoy no te has portado bien,
sufro día a día por agradarte más.
Y desgarrándome el alma de pensar me pongo a pensar:
¿qué es lo que está pasando Mamá, Papá?

Al leer esta letra puedes formar tu criterio.
Respetablemente la presento con el deseo de transmitir
El Mensaje que alguna vez recibí.
Vivencia personal de una Menor, perteneciente al Coro Cantemos
a Cristo
1980.

Deseando compartir la realidad dicha en esta canción con el fin de
causar momentos de reflexión en Padre de Familia-Tutores quienes
por herencia recibieron lo que se creía Educación.
EN ESTA VIDA SOLAMENTE HAY DOS FORMAS DE PENSAR
¿CUÁL DECIDES PARA TI?

¿TEMOR O AMOR?
AMOR ES MI ESENCIA
¡Y LA TUYA, TAMBIÉN!

RECUERDOS DE MI ABUELO
Lupita Villalvazo (1983)

Me he preguntado por qué a veces las cosas no van bien
siempre he escuchado diez razones, cien motivos, mil porqués
fui con Mi abuelo buscando su Libro del Saber
en él siempre confié, al él le pregunté:
...dime por qué.

Con sus arrugas y sus canas me dijo: "acércate,
ven a mi lado quiero hablarte que pronto partiré"
Hoy lo recuerdo y sus palabras de Fe les cantaré
con el valor Total de Darles la Verdad para Crecer.

Cuéntales Hijo que este Viejo, Tu Abuelo renegón
representando a Todos los Abuelos te pidió
que transmitas lo que El Tiempo dejó en nuestro Interior
que ahora no comprenden...
y les damos la Lección.

De qué nos sirven tantas guerras y toda la ambición
si al fin del Tiempo acabaremos igual que El Labrador
no quieras siempre en esta vida ser siempre el Mejor
destruyendo a Tu Hermano o sembrando el Rencor.

No, no dejemos que el Mundo se enfríe en su Interior
lo que mueve al Mundo es sólo el Amor
el que hay en mi corazón el que hay en tu corazón
podrá vencer todo el odio,
dando al Mundo Salvación.

Más Grande Que El Universo
(Lupita Villalvazo 1981)

Más grande que el Universo
por cada gota del Mar
pedazo por cada Estrella
así es el Amor de Mamá.

Día tras día me comprendes más
oh Madre Mía, cuánto Amor me das!
Día tras día me comprendes más
oh Madre Mía, cuánto Amor me das!

Tú eres mi Mejor Amiga
la Luz del Universo
no dejaré de agradecerle
a Dios tus Años nuevos.

Por todos mis sentimientos
Hoy agradezco a Dios
Permitieses mi llegada
A este mundo de Amor.

→

Gracias Mamá por tus cuidados
Por enseñarme a decir Padre Nuestro,
Constante vigilas mis sueños,
Bendices mis pasos y deseos.

Gracias Mamá que encomiendas
Mi vida a Papá Perfecto...

Sé que me quieres Mamá y Yo te quiero Mamá.

TRIUNFO 1985
(Lupita Villalvazo)

No es para mañana esta proposición que me formé
desde este momento el Triunfo late en mi corazón
canto de alegría por compartir a ustedes mi canción
la Luz viene de Arriba para lograrlo está la Decisión.

Voy tras de la Estrella del Amor
cada momento pensaré que es
último día Mí para Triunfar.
Voy tan decidida que podré
en mis estudios prepararme bien
y libre al mundo sonreír y así: Triunfar.

Aunque en esta vida encuentre la tristeza y el dolor
envidia, hipocresía... nunca abandonaré mi decisión
de seguir luchando y la pasión está en el corazón
de que cada día Yo lograré subir Un Escalón.

Voy tras de la Estrella del Amor
cada momento pensaré que es
último día para Mí para Triunfar.
Voy tan decidida que podré
en mis estudios prepararme bien
y libre al mundo sonreír y así: Triunfar.

➜

Todos aplaudiendo confirmaremos nuestra decisión
salvar este Mundo que es Bello si se trata con Amor.
Todos aplaudiendo, creyendo que si damos lo Mejor
estaremos Juntos para vencerlo todo y Triunfaremos.

Voy tras de la Estrella del Amor
cada momento pensaré que es
último día para Mí para triunfar.
Voy tan decidida que podré
en mis estudios prepararme bien
y libre al mundo sonreír y así triunfar, triunfar, triunfar.

(Y aquí estoy Padre Perfecto celebrando constantemente
¡LA ESTRELLA DEL AMOR! Lupita 2010)

A TI MAESTRA
(Lupita Villalvazo 1992)

Quiero dar gracias a Dios por ponerte en Mi Vida
porque la llenas de conocimiento y Amor
siempre te recordaré pues Tú pintas Mi Mundo de Azul
y deseo que siempre Tú seas Muy Feliz!

A Ti Maestra
que con cariño y amistad me enseñas
que tus palabras son tan verdaderas
a Ti te canto con Amor.
Me das tu tiempo, pues en la casa mi Mamá no encuentra
cómo enseñarme lo que Tú me enseñas
tan fácil me lo haces saber.

Quiero dar gracias a Dios por ponerte en Mi Vida
porque la llenas de conocimiento y Amor;
siempre te recordaré pues Tú pintas Mi Mundo de Azul
y deseo que Siempre Tú seas Muy Feliz!

Comentario personal:
**Mi gratitud para Ti Maestra/Maestro por
guiarme y transmitirme tu conocimiento.
Agradezco tu presencia en mi vida
Y en la de mis hijas.**

NOTAS

NOTAS

NOTAS

O R A C I O N E S

El hombre natural no percibe las cosas que son del Espíritu de Dios, porque para él son locura, sólo las entiende quien las discierne espiritualmente.
(autor desconocido)

Al Espíritu Santo

Espíritu Santo
Tú que iluminas el camino para que yo alcance mi ideal
que me das el don divino de saber perdonar
y olvidar el mal que me hacen
que estás en todos los instantes de mi vida;
quiero en este corto diálogo agradecerte todo
y confirmar una vez más
que nunca quiero separarme de Ti
por mayor que sea mi ilusión material.
Deseo estar Contigo y todos mis seres queridos
en la Gloria Eterna
gracias por Tu misericordia para conmigo y los míos
gracias por el favor recibido.

Oración de San Francisco de Asís

Haz de mí, Señor, un instrumento de tu paz.
Que donde haya odio, ponga yo amor;
donde haya ofensa perdón;
donde haya discordia, ponga unión;
donde haya error, ponga verdad;
donde haya duda, ponga confianza;
donde haya desesperación, ponga esperanza;
donde haya tinieblas, ponga luz
y donde haya tristeza, ponga yo alegría.

Haz, en fin, Señor, que no me empeñe tanto
en ser consolado como en consolar;
en ser comprendido, como en comprender;
en ser amado, como en amar.

Porque dando es como se recibe,
olvidando es como se encuentra,
perdonando se es perdonado
y muriendo se resucita
a la vida eterna.

O R A C I Ó N

P O R   L A   U N I D A D

Con todo El Poder Ilimitado
y Perfecto con que me creaste
y por Tu Poder que se
manifiesta en cada cosa, persona,
animal, en la Naturaleza
y las galaxias...
celebro hoy Señor
agradecida
E L   S E R   U N O   C O N T I G O
Y   T O D A   L A   C R E A C I Ó N .

Lupita Villalvazo

NOTAS

NOTAS

Lupita Villalvazo nace en la Ciudad de México en Junio 22 de 1959.

Sus primeros cinco años tiene una infancia alegre con sus Padres, Abuelos y hasta Bisabuelos.

Tíos y primos. Padrinos y amistades.

A los seis años es llevada a vivir a Baja California y California.

Asiste al Colegio Católico "La Paz" A. C. y participa en actividades extra escolares deportivas y musicales. Inspirada en el Arte también crea algunos escritos.

Motivada por sus Padres, Lupita ama la música, toca la guitarra. También aprende lo importante de mantener el cuerpo sano por medio del ejercicio, juega tenis, corre y nada durante su juventud.

Participa intensamente en Coro Infantil y de Adolescentes por casi tres décadas.

Trabaja varios años en una Guardería Infantil del Instituto Mexicano del Seguro Social, en donde descubre su interés por ayudar espiritualmente a otros comunicándose en el Lenguaje del Amor.

Aquellas Historias y relatos de época escolar habían quedado atrás hasta que recientemente, se despierta de nuevo en ella el interés intenso por la lectura e intensifica a la vez la práctica del deporte.

En los últimos tres años lee más de treinta libros. Y actualmente disfruta también audio-libros.

Fundamentalmente del mismo carácter: encontrar el significado de vivir y vivir la vida felizmente.

... "Quiero Transmitir

mi Felicidad de Vivir

e Impregnar de Amor a los lectores,

El Amor que Todo lo Conquista

y en Quien podemos

Conquistar Todo."

Lupita Villalvazo

Si quieres gozar

de Milagros...

Simplemente

¡Confía en Su Amor!

http://www.youtube.com/watch?v=Ym7tiWEIeZU

Haz esta frase una de tus preferidas:

..."Mi Cuerpo es Sabio y Procesa Perfectamente Todo Lo Que Como.

Y Todo lo Inútil Lo Elimino cada Mañana al despertar y durante el transcurso del Día."

¡Yo Soy Perfecto!

Lupita Villalvazo

..."Mis Deseos

Son Parte De

Este Momento

y Lo Que Necesito

me es Provisto

Aquí y Ahora."

Dr. Deepak Chopra

"Mi presencia en esta vida es motivo

de Alegría para todo y Todos

... principalmente para mí.

Llevo en mi rostro la Sonrisa

que Irradia Felicidad por doquier,

Yo Soy Canal de

Amor, Paz, Perdón, Consuelo y Fe."

Lupita Villalvazo

www.ingramcontent.com/pod-product-compliance
Lightning Source LLC
Chambersburg PA
CBHW022020090426
42739CB00006BA/221